Mario Pelchat

FAIS CONFIANCE
À TA DESTINÉE

LES ÉDITIONS 7 JOURS
Une division de TRUSTAR ltée
2020 University, bureau 2000
Montréal (Québec) H3A 2A5

Éditeur: Claude J. Charron

Vice-président: Claude Leclerc

Directrice: Annie Tonneau

Mise en pages: Iris Montréal Ltée

Conception graphique de la couverture: Laurent Trudel

Photos des pages couvertures: Monic Richard

Maquillage et coiffure:
Isabelle Lepage de l'Agence Giovanni

Photos intérieures: collection personnelle

Révision: Corinne De Vailly

Correction: Camille Gagnon, Donald Veilleux

Dépôt légal
Bibliothèque nationale du Québec
Bibliothèque nationale du Canada
Quatrième trimetre 1994
ISBN: 2-921221-50-0

MARIO PELCHAT

FAIS CONFIANCE
À TA DESTINÉE

EN COLLABORATION AVEC
BENOIT LÉGER

LES ÉDITIONS
7 JOURS

À toute ma famille qui n'a jamais cessé de me faire confiance et qui m'a toujours manifesté son amour.

À tous ceux qui ont soif d'amour et de justice.

Aussi à tous ceux dont l'espoir s'éteint parfois.

M. P.

Avant-propos

Un livre... Avant que les Éditions 7 JOURS me le proposent, jamais je n'y avais pensé. Il m'était arrivé déjà d'imaginer un recueil dans lequel je réunirais, un jour, des réflexions diverses, cependant je n'ai jamais envisagé de proposer un livre sur ma vie. De prime abord, j'ai eu l'impression d'être encore bien jeune pour me raconter ainsi. D'avoir encore beaucoup à vivre. Tout cela est vrai, mais, après mûres réflexions, j'ai cru qu'on pouvait y trouver un certain intérêt. Ce n'est pas parce que j'ai 30 ans que je n'ai pas vécu, et, tout compte fait, cette expérience vécue ne pourrait-elle pas devenir une lumière pour d'autres? Pourquoi n'en serait-il pas ainsi du partage d'une peine atroce, d'un moment tendre, d'une angoisse grandissante, d'expériences difficiles qui ont pavé le chemin de ma vie à ce jour?

J'ai aussi pensé au courrier que je reçois. Beaucoup, parmi les nombreux auteurs de ces missives, me font part de leur désir d'accéder au milieu artistique. Certains s'imaginent qu'en débarquant à Montréal le tour est joué, alors que d'autres croient que cela demeure inaccessible. Cette lecture pourra certainement les guider.

Et parce que j'ai toujours cru que la trentaine est la période où l'on édifie les bases d'une vie mature et au cours de laquelle on atteint le sommet de son art, j'ai pris la décision de m'investir dans ce projet comme s'il allait marquer un virage vers de nouveaux horizons. Finalement, en mettant ce vécu sur papier pour vous, j'ai ressenti une grande satisfaction dans le partage, et parce que la dernière décennie n'a pas manqué de me faire grandir en maturité, j'y ai aussi retiré un soulagement certain.

Depuis plusieurs années, en chansons, sans avoir la prétention de changer le monde, j'espère apporter un petit quelque chose aux gens qui m'écoutent. Chacun abordera cette lecture de la manière qu'il l'entend, et j'exprime ici le souhait que vous puissiez en retirer ne serait-ce qu'un exemple, un repère, une réflexion, une larme ou un sourire, et plus que tout, un encouragement dans la poursuite de vos rêves, une incitation à toujours nourrir ce sentiment précieux qu'est la confiance.

Mario Pelchat

Chapitre 1

UNE ENFANCE AU LAC

C'était une belle journée d'été, et, ce matin-là, je me suis levé avec une idée particulière en tête. Au déjeuner, impatient de mettre mon projet à exécution, je me suis dessiné sur le visage un sourire qui en disait long. Un sourire qui ne manqua pas d'ailleurs d'intriguer maman. Mais, pas un mot, c'était mon secret.

Enfant, j'ai toujours été solitaire et peu bavard. Ce jour-là pourtant, je voulais que ça change. Tout déterminé, du haut de mes sept ans, j'ai empoigné ma pelle et mon seau et j'ai pris la clé des champs. J'avais la ferme intention de faire d'un arbre mon ami, mon confident. La maison était toujours en vue, mais je me suis éloigné de plus en plus dans le lointain. Pas d'inquiétudes, le champ était un véritable terrain de jeu pour moi, c'était ma cour. J'en connaissais tous les recoins. Soudain, je me suis arrêté. J'avais l'impression que mon nouvel ami n'était plus très loin de moi. Je me suis agenouillé et j'ai fouillé le sol à sa recherche. C'est là que j'aperçus un tout petit arbre; il avait grand-peine à se tailler une place au soleil à travers l'herbe et le foin. Avec la terre qui l'entourait, je l'ai déposé au fond de mon seau et j'ai fait demi-tour. Parvenu à proximité de la maison, j'ai choisi un endroit dégagé pour le replanter. Une fois le plant enfoncé dans la terre, je me suis assis sur la pelouse, tout près de lui, et j'ai dit:

— Toi, mon petit, tu vas pousser et quand tu seras grand, je serai grand, moi aussi. Et si je me sens encore seul, je viendrai te trouver.

Ce jour-là, je me suis fait un ami pour la vie.

Aujourd'hui, je repense à tout cela avec nostalgie. À l'époque, malgré mon jeune âge, j'avais des états d'âme assez profonds. Tout me touchait: les aléas de la vie de famille ou encore mes angoisses d'écolier. Les revers qui marquent parfois l'enfance étaient pour moi matière à chagrin et isolement.

Pourtant, l'animation ne manquait pas à la maison. Mes parents ont toujours apprécié la compagnie. Chez moi, la porte était grande ouverte pour la famille et les amis. Il faut dire que la famille, mes parents connaissaient ça. Mon père et ma mère ont grandi à Albanel et sont tous deux issus de familles de douze enfants. D'ailleurs, dans les années 50, papa était copain-copain avec les frères de maman. La jeune Raymonde aux yeux bruns trouvait l'ami de ses frères, Réal, costaud et bien à son goût, mais elle avait l'habitude de se tenir à l'écart des garçons. Puis un jour, papa la remarqua et lui donna rendez-vous au Café Canadien. Ce qu'il ignorait alors, c'est que maman l'avait déjà entendu raconter à ses frères:

— Je donne rendez-vous aux filles au Café Canadien et je n'y vais pas. Je trouve ça drôle quand je passe devant en les voyant qui m'attendent...

Maman accepta l'invitation de papa, mais, déjà nantie d'une belle détermination, elle avait ses intentions bien dessinées. La petite Gagnon ne se présenta pas au rendez-vous à l'heure prévue. Mais cette fois, papa y était! Quand elle l'aperçut par la vitrine, assis sur la banquette, elle sut aussitôt que Réal Pelchat allait être l'homme de sa vie.

Au début de leur vie de couple, mes parents disposaient de peu de moyens financiers. Comme dans toutes les familles, cela créait des tensions. Dès que j'étais témoin d'un accrochage, j'en étais touché. Et si, par malheur, on m'y associait, j'étais bouleversé. J'avais déjà une nature très intense. Quand mes parents quittaient la maison durant quelques jours pour aller retrouver des amis ou de la famille à Chicoutimi ou à Québec, une tristesse énorme m'envahissait. Durant leur absence, je regardais nos albums photos et j'avais la certitude que j'allais dorénavant être seul au monde.

Un jour que je me sentais particulièrement seul, j'ai demandé à maman de m'acheter un chat. Elle acquiesça. Mon chat était tout noir et il s'appelait Noireau. Recherché, n'est-ce pas? On me disait que c'était un nom de chien. Mais déjà se manifestait également mon solide caractère: mon chat allait s'appeler du nom que j'avais choisi. Pourtant, comme maman le prédit, l'excitation créée par l'arrivée de Noireau dans ma vie fut de courte durée. J'ai rapidement abandonné mon chat à lui-même et me suis réfugié à nouveau dans mon monde intérieur.

Maman me fait toujours sourire quand elle dit avoir vu en moi un garçon jongleur dès ma naissance. Ma naissance fut retardée de plusieurs jours: on m'attendait le 17 janvier et le 31 du même mois, je n'étais toujours pas là. Le jour suivant, un samedi matin très tôt, avant même le lever du soleil, maman veillait sur ma sœur Johanne, et papa était toujours au chantier dans les bois quand elle a ressenti ses premières douleurs. Comme d'habitude, papa revenait le samedi midi. Maman ne pouvait donc espérer qu'il revienne à temps pour voir son second enfant venir au monde. Cette fois, elle sentait que le temps pressait. Elle lui donna simplement un coup de téléphone au chantier pour le prévenir qu'elle quittait la maison en direction de l'hôpital. Il lui a dit qu'il était de tout cœur avec elle. Cependant, il demeurerait au travail jusqu'à la fin de sa journée afin de récolter le pourboire de 50 $ que son patron lui versait chaque fin de semaine. À l'époque, l'hôpital réclamait précisément 50 $ pour un accouchement; il en avait besoin.

Une voisine traversa la rue pour garder Johanne, qui allait fêter son premier anniversaire moins d'une semaine plus tard. Grand-maman Gagnon et maman sautèrent dans un taxi alors qu'un soleil radieux illuminait lentement le ciel de ce 1er février 1964. À 7 h 45, maman fut admise à l'Hôtel-Dieu de Dolbeau. Quarante-cinq minutes plus tard, je voyais le jour.

Maman m'a souvent répété combien elle avait vécu une belle grossesse, tout comme elle m'a souvent dit que j'étais un gros bébé de 9 livres et 11 onces (près de 5 kg).

— Quand je me suis réveillée, un peu confuse, dit-elle, j'ai tout de suite pensé à me toucher le ventre. Au moment où je me suis aperçue que je n'avais plus de ventre, ta grand-maman est entrée dans la chambre en me disant:

— Si tu voyais ce bébé...

— Mais qu'est-ce que c'est?

— C'est un garçon! Y'é gros! ajouta grand-maman avec bonheur.

«Pis, y'é beau...» Enfin, c'est ce que papa répétait à tous après avoir fait ma connaissance le samedi après-midi. Il fut mon premier visiteur.

Mes parents choisirent de me prénommer Mario. Maman avait vu un film italien qui lui avait grandement plu et dans lequel un des acteurs s'appelait ainsi. Je fus baptisé le 16 février, premier dimanche du Carême. Ce jour-là, on put lire dans le bulletin de la paroisse Saint-Jean-de-la-Croix, de Dolbeau: «Nouvel enfant de Dieu: Réal Mario, fils de Réal Pelchat et de Raymonde Gagnon. Parrain et marraine: Joseph Pelchat et Lumina Légaré.»

Lors de mon baptême, célébré par le père Jacques Pelletier dans la grande salle de l'école Sacré-Cœur où l'on disait la messe les dimanches, je n'ai pas cessé de pleurer. Tellement qu'une sœur de ma grand-mère Pelchat avait dit: «Laissez-le pleurer, il chantera plus tard...» Cette citation est depuis passée à l'histoire chez les Pelchat. Peu de temps après mon arrivée à la maison, rue de la Fabrique, Johanne commença à dire:

— Queyo!

Elle m'appela ainsi durant quatre ans.

Comme maman allait le faire plus tard avec tous les articles de journaux où on allait parler de Johanne et de moi, elle a inscrit tout de mes premières années en ce monde dans mon livre de bébé: un livre qu'elle conserve précieusement. Ainsi, on peut y lire que je fais mon premier sourire à l'âge de trois semaines; que je ris aux éclats pour la première fois à un mois et demi. À trois mois, je chante: «A, A, A (voilà un bon présage) et je recule avec ma marchette.» (Moins évident!) Deux mois plus tard, je donne déjà des becs et j'adore les patates... Maman y note également que papa a acheté notre première chaîne stéréo le 5 décembre 1964 et qu'aussitôt qu'il l'a mise en marche, je me suis mis à danser au son de la musique. L'année suivante, papa nous inculquera déjà le goût de la musique en faisant, cette fois, l'acquisition d'un piano. D'ailleurs à 22 mois, dès qu'il s'assoyait au clavier, j'accourais auprès de lui pour chantonner *Au clair de la Lune*. Quelques mois plus tard, j'ai chanté ma première chanson, *À chacun sa chance*, de Pierre Lalonde. En fait, je chantais plutôt: «À sacun sa sanse...»

Je n'avais pas encore deux ans que ma petite famille quitta l'appartement où nous vivions pour emménager dans une maison sur le rang de la montagne. Ce fut là que j'ai commencé vraiment à marcher et à parler. À ce propos, maman a noté dans mon livre de bébé que je disais: «Je démonte l'escalier» au lieu de dire: «Je descends.» Et quand je tombais dans le long couloir de la maison, je me fâchais à tout coup et je disais: «Il est simple ce passage-là!» Déjà typiquement Jeannois.

Je remercie maman d'avoir si soigneusement mis sur papier ces moments ainsi que de nombreux autres qui ont marqué mon enfance. Au fil des ans, je me suis amusé d'ailleurs à ajouter des phrases ici et là sur les dernières pages de ce livre. Des phrases comme: «À 12 ans, j'écris seul: Mario, Maman, Papa, Éric, Johanne»; «À 14 ans, le 21 mars: Karine. (Je l'ai écrit tout seul...)»; «À 22 ans, je fais mon p'tit caca pas mal tout seul... 29 septembre 86.» Plus récemment, après avoir regardé, en compagnie de ma mère, qui commentait ma manière de chanter, une émission spéciale enregistrée pour MusiquePlus, j'ai ajouté: «À 30 ans, j'ai même pu l'droit d'chanter comme ça m'tente, m'man s'en mêle!!! 25 février 1994.»

Papa et maman se souviennent de moi comme d'un bébé tranquille. «Contrairement à ta sœur Johanne, qui a fouillé partout et tout viré à l'envers durant plusieurs années», m'ont-ils dit. Il faut dire qu'elle était drôlement plus débrouillarde que moi.

Johanne marchait à sept mois et demi. À cet âge, je perçais ma première dent! Outre des passages à l'hôpital pour des problèmes d'asthme ou à la suite d'une chute dans la cave chez ma tante Gisèle, à Chibougamau, — dont je garde encore la cicatrice au front —, j'ai connu une enfance paisible entouré que j'étais d'amour et de mes petits tracteurs Tonka. Parmi ses beaux souvenirs, maman se rappelle qu'à l'âge de quatre ans j'étais entré dans la maison au pas de course pour lui dire:

— Maman, je t'ai composé une chanson. Je peux te la chanter, mais ne ris pas de moi. Ça s'appelle: *J'ai gagné un beau radio.*

Sur un petit air enfantin, ça allait comme suit:

J'ai gagné un beau radio à moi
J'ai gagné un beau radio,
J'ai gagné un beau radio à moi,
J'ai gagné un beau radio

Peu de temps après cet épisode, maman nous a donné, à Johanne et à moi, notre premier petit frère, Éric. Il est né le 22 mars 1968. Son arrivée fut synonyme de grande joie. Papa nous a expliqué, tant bien que mal, comment ce bébé était arrivé dans le ventre de maman. Nous n'avions pas eu droit à l'histoire de la cigogne, il nous a dit:

— C'est papa qui a mis une graine dans le ventre de maman. La graine va pousser et quand elle sera prête, un petit bébé va sortir...

À cette explication, Johanne et moi avions répondu:

— OK. C'est bien beau! Tu nous le diras quand il sera prêt!

Toutefois, la naissance d'Éric fut difficile. De plus, il fut malade dès les premiers jours de sa vie. Et, quand il a fait son entrée à la maison, il était amaigri, avait la peau ratatinée et le teint bleuâtre.

Lorsque maman l'a déposé dans un moïse pour que ma sœur et moi puissions l'observer et lui souhaiter la bienvenue, nous n'avons pu faire autrement que de dire, sans trop vouloir blesser maman:

— Y'é beau ton bébé, mais y'é un p'tit peu «let»...

À deux semaines, en raison d'une grave malformation intestinale, Éric fut transporté d'urgence à l'hôpital Sainte-Justine de Montréal où on l'a opéré sur-le-champ. À son retour, il était encore plus maigre. Johanne et moi avons eu grandement pitié de lui. Nous avions eu tellement peur de ne plus revoir notre petit frère que nous l'avons accueilli à bras ouverts cette fois.

Plus tard, Éric fut victime d'une forme rare d'infection du sang et fut encore très malade. La mort l'a frôlé plus d'une fois. À deux ans, Johanne l'a sauvé *in extremis* d'une noyade dans la piscine. À six ans, une voiture l'a évité de justesse alors qu'il traversait la rue pour nous rejoindre, ce qui a créé tout un émoi. Comme c'est souvent le cas, à son arrivée dans la famille, je fus quelque peu jaloux de sa présence. Il avait droit à tant d'attention. D'ailleurs, sur plusieurs photos où il apparaît, on peut me voir surgissant à la dernière minute dans le cadre pour être aussi de la partie. Cette jalousie enfantine, tout à fait normale, s'est estompée avec le temps. Cependant, à la naissance de Steve, quelques années plus tard, Éric devait, à son tour, exprimer les mêmes sentiments.

J'ai vécu mon premier jour d'école le 2 septembre 1969, à la maternelle de l'école Sainte-Lucie, à Albanel. Mon professeur était madame Marguerite Fontaine. L'école Sainte-Lucie est une bâtisse de brique qui date des années 50 ou 60. Je l'ai revue il n'y a pas très longtemps, et elle m'a paru très petite par rapport à l'image que mes yeux d'enfant en ont gardée. J'y ai même revu le chauffeur d'autobus qui me conduisait à l'époque. Son fils, qui a étudié avec ma sœur Johanne, conduit l'autobus aujourd'hui.

Comme elle l'avait fait au départ de Johanne pour son premier jour d'école, maman a beaucoup pleuré quand je suis monté dans l'autobus de monsieur Saint-Pierre — ou était-ce Plourde? — pour la première fois, tout en tenant fermement la main de ma grande sœur.

À l'école, comme à la maison, Johanne veillait toujours sur moi. Toutefois, je me souviens, comme si c'était hier, de ce jour où elle n'est pas venue à l'école à cause d'une vilaine grippe. Habituellement, je descendais de l'autobus au premier arrêt, à la maternelle, et Johanne à l'arrêt suivant, celui de l'école primaire. (À mes yeux d'enfant, ces deux établissements étaient éloignés alors. Aujourd'hui, j'ai encore une fois peine à croire comme ils sont rapprochés. C'est comme si on les avait déménagés depuis...) Toujours est-il que j'ai gardé les yeux fermés durant le trajet et que je me suis assoupi. Résultat: je ne suis pas descendu au premier arrêt. Quand j'ai ouvert les yeux, j'ai suivi les enfants qui descendaient. Lorsque j'ai réalisé que l'autobus avait dépassé la maternelle, mon cœur s'est mis à palpiter. En larmes, j'ai couru à une vitesse folle pour rattraper mes compagnons de la maternelle en pensant: «Si seulement Johanne était là!»

Lorsque j'allais à la maternelle, je revenais à la maison à midi. Johanne, de son côté, finissait ses classes en après-midi. Quand elle rentrait, elle me montrait ce qu'elle avait appris durant la journée, et comme je saisissais rapidement, j'eus vite une longueur d'avance. Ainsi, l'année suivante, j'ai épaté professeur et compagnons de classe, pour le plus grand plaisir de maman, mais au grand désespoir de ma compétitrice de première année, Thérèse Chabot, qui excellait également. Je n'ai pas oublié non plus ces beaux moments où Johanne m'apprit à lire l'heure. Elle était si attentionnée à mon égard. Toutefois, quelques mois plus tard, parce qu'elle ne portait plus sa montre depuis plusieurs semaines, j'ai dû lui montrer à mon tour comment lire l'heure, elle avait tout oublié.

Mon seul ami, avant que je ne plante mon arbre à la limite de la cour, fut Claude Hétu. Je l'ai connu en maternelle. Claude me ressemblait beaucoup. Nous étions toujours à part, mais nous nous retrouvions dans notre façon d'être. Malheureusement, son père mourut durant l'année scolaire. Quand l'enseignante nous en a fait part, je n'ai pas très bien saisi le sens de ses paroles. Ce ne fut que plus tard, lorsque Claude m'en parla alors nous jouions aux billes dans la cour de l'école, que je fus ébranlé par cette révélation. C'était la première fois que je songeais à la mort. Bien sûr, j'ai eu de la peine, mais, à cet âge, les réflexions étaient de courtes durées. Par la suite, les conséquences de ce décès m'ont davantage marqué. De retour en classe après l'enterrement, Claude m'a appris que sa mère avait pris la décision de retourner vivre à Montréal. J'ai ainsi perdu mon seul ami.

En première année, tout comme l'avait fait ma sœur l'année précédente, le professeur me demandait de donner le ton lorsque nous chantions durant les récréations. Elle disait:

— Mario, nous allons chanter «Tombe, tombe, neige blanche» et j'entonnais:

Tombe, tombe neige blanche
En tourbillonnant dans l'air
Viens te poser sur les branches
De nos grands sapins tout fiers.

Les fins de semaine, lors des balades en voiture avec papa et maman, ces chansonnettes résonnaient tout le long de notre route. Lors des réunions de famille, Johanne et moi faisions le bonheur des oncles, tantes et grands-parents en reprenant nos «succès». Que ce soit du côté des Pelchat ou des Gagnon, on montait toujours des tours de chant à l'occasion des grandes réunions de famille. Une cousine chantait, un oncle grattait la guitare, un cousin jouait de la batterie et un autre dansait la claquette. Ma sœur et moi, nous chantions.

Durant l'été 1971, un nouvel enfant permit à la famille Pelchat de s'agrandir une fois de plus. Steve est né le 13 août. J'avais sept ans et, peu avant qu'il vienne au monde, je me souviens combien nous avions craint que maman le perde.

Dans le rang Lamontagne, il y avait un gang de «malfaisants» que nous appelions les «flos» du rang. Pour eux, un coup pendable n'attendait pas l'autre, et, souvent, leurs méfaits étaient de très mauvais goût. Maman en fut, entre autres, la victime. Dans la cour de la maison, il y avait une balançoire que papa avait confectionnée avec de la grosse corde et des planches. Les «flos» du rang sabotèrent notre balançoire en entaillant la corde presque entièrement, de sorte qu'en l'utilisant elle allait inévitablement céder rapidement.

Un après-midi où Éric, maman et moi étions dans la cour, la balançoire se brisa sous le poids de maman qui voulait y prendre place. En voyant maman effondrée sur le sol et crier de douleur, j'ai couru chez la voisine, où Johanne se trouvait. Maman était alors enceinte de Steve. Elle fut aussitôt conduite à l'hôpital. Heureusement, le coup n'a laissé aucune trace, et, à la naissance, Steve était en pleine santé.

Il était tout ce qu'il y a de plus adorable comme bébé, même s'il n'avait pas un cheveu sur la tête. D'ailleurs, peu de temps après son arrivée à la maison, maman l'a déguisé en grand-papa Gagnon. Avec une pipe dans la bouche, de vieilles lunettes sur le nez, un journal entre les mains et son crâne dénudé, Steve ressemblait vraiment à grand-papa. Cette scène nous a longtemps amusés.

La famille comptait dorénavant quatre enfants. Papa entreprit alors la construction d'une belle grande maison, à proximité du centre-ville de Dolbeau, à deux pas de l'église, de l'hôpital, et en face de l'école. J'étais en quatrième année lorsque nous avons déménagé.

Pour nous, Dolbeau, c'était la grande ville. Je me souviens qu'en arrivant j'ai insisté auprès de maman pour porter mon beau pantalon à carreaux bleu et brun. Il était serré à la taille et large au bas des jambes. Je croyais ainsi faire bonne figure auprès de mes nouveaux compagnons. Ai-je besoin d'avouer que je n'ai pas fait sensation... Heureusement, mon cousin Marc, qui vivait à Dolbeau, m'a permis de rencontrer d'autres jeunes et de prendre ma place dans ce paysage urbain. Mais l'adaptation ne fut pas facile. Quand tu arrivais d'Albanel, tu étais perçu comme un cultivateur. Tu sentais «la vache», disait-on. Cette discrimination, que j'appelais à l'époque «la différence», me choquait. Je n'ai jamais aimé la discrimination.

À l'école, les sports ne m'intéressaient nullement. Le dessin, la peinture et le chant me passionnaient. J'étais aussi très rêveur. Dès qu'il y avait des activités de groupe, je me retirais, ne me sentant pas à ma place. Quand les cours prenaient fin, la seule chose qui importait pour moi était de retrouver ma sœur. Nous avions en commun notre amour du dessin et de la chanson, mais Johanne avait beaucoup de caractère et elle m'ouvrait souvent le chemin. Fille joviale, vraie, sensible et sportive de surcroît, elle était toujours entourée d'amis. Je l'admirais beaucoup pour cela.

À l'âge de neuf ans, j'ai participé à mon premier concours, lancé à travers le Lac-Saint-Jean. On nous demandait de faire un dessin illustrant le Carnaval de Chicoutimi. J'ai commencé un dessin, mais sans désir précis de participer au concours, quand mon professeur d'arts plastiques m'a dit:

— Quel beau travail, Mario!

J'ai signé le dessin et le lui ai offert. Elle me suggéra:

— Avec ce dessin, tu aurais de bonnes chances de gagner si tu participais au concours, m'a-t-elle dit. Ajoute des choses ici et là, fignole-le!

Durant plusieurs jours, je suis demeuré à l'école après les heures de classes pour peaufiner mon dessin. Peu avant le souper, mon professeur venait me reconduire à la maison. Une fois satisfait de mon œuvre, je l'ai fait parvenir à l'organisation du Carnaval. J'ai gagné. Mon dessin, qui représentait un défilé dans une rue où tous et chacun faisaient la fête, a fait la première des journaux et il fut même exposé à Chicoutimi. Et, comme si ma première composition musicale quelques années plus tôt avait été prémonitoire, j'ai remporté un beau poste de radio à titre de premier prix.

La commission scolaire, fière de son protégé, m'a remis un chèque de 50 $. Je me souviens d'avoir ressenti, probablement pour la première fois, ce que l'effort pouvait rapporter. Dès ce jour, j'ai acquis une nouvelle assurance. Je venais de réaliser ce que pouvait signifier le verbe s'imposer. Dès lors, quand je pressentais que j'allais exceller dans un domaine particulier, je fonçais. Mais quand il était question de sport, par exemple, je savais pertinemment que je risquais de faire rire de moi, alors je m'esquivais. Ainsi, le dessin et la chanson devinrent très importants pour moi.

Cette même année, papa m'ayant fait part de son désir de m'inscrire à un concours de chant, j'y consentis aussitôt. L'événement se tenait à Mistassini. Papa désirait m'y inscrire comme participant, mais j'étais trop jeune, selon les critères de sélection. Il proposa alors à l'organisateur, Bernard Duchesne, de m'y présenter durant l'entracte. M. Duchesne se montra favorable à l'idée, mais, avant tout, je devais passer une audition. Le moment venu, j'étais si nerveux que j'en oubliais les mots de ma chanson. Ne sachant plus quoi chanter, j'ai baissé la tête. Après quelques secondes de silence, j'ai abandonné le micro pour me diriger vers la table où monsieur Duchesne prenait place et je lui dis, tout piteux:

— Je me suis trompé...

Papa et maman, non loin, souriaient. M. Duchesne fut aussi amusé. Avec sa permission, je pus reprendre ma chanson. Lorsqu'elle fut terminée, il se tourna vers mes parents et leur annonça:

— Je vais le présenter dimanche.

Pour la première fois, j'allais monter sur scène.

Chapitre 2

DANS MES RÊVES

Ma performance pendant de l'entracte, au concours de Mistassini fut retransmise à la télévision communautaire. Bien sûr, tous les Pelchat et tous les Gagnon étaient rivés au petit écran. La salle était immense et accueillait plusieurs centaines de personnes. Sur scène, une belle complicité s'était établie avec le public, fort probablement en raison du choix de ma chanson: *La première fois qu'on embrasse une fille*, de Michel Pilon.

> *La première fois qu'on embrasse*
> *une fille,*
> *on ne sait pas où ni comment*
> *s'arrêter.*
> *La première fois qu'on embrasse*
> *une fille,*
> *on ne sait pas trop s'il faut*
> *recommencer.*

Tandis que je chantais, une idée fixe trottinait dans mes pensées: je rêvais de participer à ce populaire concours. Je voulais chanter une chanson de Jean Nichol, mais maman s'y opposait, ce n'était pas une chanson pour un jeune garçon comme moi. À cette époque — c'était tout juste avant l'arrivée de René Simard sur la scène artistique —, il n'existait pas ou très peu de chansons populaires que les jeunes pouvaient interpréter. La chanson de Michel Pilon avait paru un bon choix à maman même si, à la maison, je chantais des chansons comme *Parle plus bas*, de Raymond Berthiaume ou *Regarde sous ton balcon*, de Jean Nichol. Ces chansons ne convenaient pas au répertoire d'un enfant, mais étaient les succès sur disques que mes parents achetaient à l'époque.

En arrivant à Dolbeau, Johanne et moi avons demandé à faire partie de la chorale de l'église. Nous y avons chanté tous les dimanches durant trois ans, et même lors de la traditionnelle Messe de minuit. Nous répétions nos chansons à la maison. Papa aussi était membre de la chorale et il veillait à ce nous soyons toujours d'une rigueur exemplaire. Maman, qui est musicienne, écoutait nos voix d'une oreille attentive. C'est notre participation à cette chorale sous la direction de M. Jos Goulet — un homme envers qui j'ai toujours eu beaucoup d'admiration parce que, à l'instar de mes parents, il a su nous inculquer cette soif de chanter — qui nous a poussés, Johanne et moi, à chanter en duo.

Les premières fois où nous avons chanté ensemble, ce fut à l'occasion de mariages dans la famille. Nous nous empressions d'accepter chacune des demandes. En peu de temps, il était devenu coutume que nous participions à ces événements heureux. Nous chantions inlassablement: *Cet anneau d'or*, *L'Hymne à l'amour*, *Un amour comme le nôtre*, etc. Ainsi, de fil en aiguille, on nous invitait à aller chanter à l'occasion de fêtes dans les foyers pour personnes âgées et lors de funérailles. Nous nous faisions un devoir de bien remplir ces engagements. De plus, nous appréciions beaucoup les quelques dollars (5 $) touchés pour un tour de chant au foyer de Dolbeau, par exemple.

En peu de temps, je me suis mis à rêver sur les bancs d'école. Je ne pensais plus qu'à chanter, avec ma sœur, bien sûr! En français, sans vraiment pousser mes études, je réussissais bien. Dans les autres matières, je m'en tirais de justesse.

Dès le début de ma cinquième année d'ailleurs, mon professeur, Madeleine Sévigny, déplora chez moi une certaine négligence. Ce qu'elle n'avait pas remarqué chez ma sœur, un an plus tôt. Il faut dire que je n'étais pas très discipliné. Pour me remettre d'aplomb, le professeur a tenté, à maintes et maintes reprises mais toujours en vain, de me faire chanter devant la classe. Si je me sentais sûr de moi lorsque je chantais à l'église, il était hors de question que je m'exécute devant mes compagnons de classe. Je ne voulais pas faire rire de moi ou être pointé du doigt. Fort patiente, Mme Sévigny eut enfin droit à une chanson de ma part à la fin de l'année. À cette occasion, je lui ai écrit une chanson sur l'air de *Que Dieu protège notre amour*. Elle avait si bien su, tout au long de l'année scolaire, comprendre l'artiste et la sensibilité qui m'habitait. La chanson disait:

Nous vous disons un gros merci
Pour l'année qui vient de finir
Nous resterons de bons amis
Même si nous devons partir.
Aujourd'hui pour vous remercier
Nous vous offrons ces quelques
roses
Pour votre amour et vos bontés...

Le jour de mes 30 ans, au cours d'une émission spéciale sur les ondes de CJMS, l'animateur Pierre Marcotte m'annonça:

— On a toute une surprise pour toi, Mario! Je suis sûr que tu ne reconnaîtras pas cette voix au téléphone...

La voix a simplement dit:

— Bonjour, Mario!

Sans hésiter, j'ai répondu:

— Bonjour, Madeleine Sévigny!

Dans le studio, tous sont restés bouche bée. Moi, je n'avais pas oublié ce professeur.

Au cours de ma dernière année au primaire, j'ai enfin participé au concours de Mistassini, pour mon grand bonheur et pour celui de mes parents. J'avais enfin l'âge requis. Aux préliminaires, j'ai chanté *Dans mes rêves*, de René Simard:

> *Dans mes rêves, dans mes peines*
> *Je revois mon oiseau bleu*
> *Il me chante sa romance...*

Bien sûr, René était alors l'idole de toute la province. Mais j'ai fait sensation avec cette interprétation. J'ai également chanté *C'est beau la vie*, lors d'une autre série d'éliminatoires.

> *Le vent dans tes cheveux blonds,*
> *Le soleil à l'horizon*
> *Quelques mots d'une chanson,*
> *Que c'est beau, c'est beau la vie...*

La demi-finale du concours en mars coïncidait avec l'anniversaire de naissance de mon père. J'ai alors chanté: *À mon ami, mon père*, que René Simard avait, avant moi bien sûr, dédié à son père sur l'un de ses albums.

> *À mon papa, mon grand ami*
> *Merci papa...*

Enfin, pour la grande finale, appelée «Le Gala des amis des amateurs», j'ai interprété *Hernandez* d'Enrico Macias:

> *Hernandez est arrivé à Paris,*
> *Hernandez est arrivé sous la*
> *pluie...*

et *Cœur de maman*, une chanson dédiée à ma mère, cette fois. J'avais maintenant douze ans. Cependant, il fallait encore que je chante des chansons choisies pour moi par maman. Pas de chansons d'amour ni de ritournelles trop sérieuses.

Bien que j'aie été nerveux au moment de la finale, tout s'est déroulé très bien. Le public a été une fois de plus très chaleureux à mon égard. Quand M. Duchesne s'est approché du micro pour dévoiler le nom du gagnant, j'ai fixé maman des yeux. Il ne faisait aucun doute que l'issue du concours avait peu d'importance; elle était déjà si fière de moi. Mais je me souviendrai toujours de son visage lorsque M. Duchesne a annoncé:

— ...Et notre premier lauréat est Mario Pelchat!

Quel bonheur!

«On compare notre jeune Mario Pelchat à René Simard et nous qui pensions qu'il ne pouvait plus s'en faire.» Voilà l'extrait d'un article de *L'Étoile du Lac*, tel que j'ai pu le lire au lendemain du concours. Moi qui admirais beaucoup René, je ne pouvais être plus flatté.

La première fois que j'ai vu René à la télévision, ce fut à l'émission *Appelez-moi Lise*, de Radio-Canada. Maman avait consenti à ce que je reste debout jusqu'à cette heure tardive parce que le jeune chanteur y figurait. René a chanté *L'Oiseau.* Je fus impressionné par ce gars à peine plus âgé que moi. Il était déjà si professionnel. Il avait une telle aisance sur scène et devant les caméras. Il portait un beau costume et bougeait comme pas un. En fait, il n'existait personne qui lui fut comparable. René Simard a abattu bien des barrières et il a donné l'espoir aux plus jeunes de faire également carrière dans la chanson.

Je me rappelle aussi les visites que j'ai rendues à ma tante Ghyslaine, à Beauport. Je connaissais alors par cœur toutes les chansons du premier album de René. Ma tante me cachait près des buissons et je chantais comme René. Ghyslaine prenait un malin plaisir à dire aux voisins que celui qu'ils avaient entendu était le vrai René. «Oui, oui, il vient ici à l'occasion», disait-elle, amusée.

Un jour, au cours d'une de ces visites à Beauport, papa nous a demandé si nous aimerions aller voir où habitait René Simard. Il n'en fallut pas davantage pour que je jubile. À l'Île d'Orléans, nous avons cogné à la porte d'une première maison. C'était une superbe demeure et, par l'une des fenêtres, on pouvait apercevoir un violoncelle et un piano; ça ne pouvait être que la maison de René. Pourtant, le propriétaire nous a dit:

— Il n'habite pas ici. Continuez juste un peu plus loin et vous verrez une maison avec un grand balcon sous lequel il y a une bicyclette; vous y serez.

Nous avons trouvé la maison. Elle n'avait rien de ce que j'avais imaginé. Elle comptait deux étages et était faite de bois peint bleu pâle. À quelques pas de là, un jeune livreur de journaux, dans la rue, nous a confirmé que c'était bien là la demeure des Simard. Plus encore, il nous a dit qu'il était un ami de René. Pendant que nous lui parlions, nous avons eu droit à la surprise de notre vie: une longue limousine descendait la rue principale de Sainte-Pétronille et nul autre que René a pointé son nez à la fenêtre arrière pour saluer son copain livreur de journaux. Quand il a aperçu René dans la voiture, papa n'a pas hésité à suivre celle-ci jusqu'à destination: un club de golf. Fonceur, il est même allé discuter avec Guy Cloutier. Papa désirait tant que nous puissions parler un peu avec René. Seconde surprise, quelques minutes plus tard, René et son agent sont venus nous saluer devant le *club house*. Le manager et son artiste fêtaient leur toute nouvelle célébrité acquise au Japon, et, dans un langage typique du Lac, papa a dit à René:

— Comme ça t'es allé «virer» au Japon?

— Je ne suis pas seulement aller virer, on y est allés pour vrai!

Sa réponse nous fit rire, même si nous étions très intimidés. Avec son petit appareil-photo, Johanne a immortalisé cette rencontre. Mais, sur le fameux cliché, on ne voit que deux silhouettes brouillées, celle de René et la mienne, près d'une balançoire. Johanne tremblait lorsqu'elle a appuyé sur le déclencheur. Je ne peux dire combien de fois au cours des semaines suivantes Johanne et moi avons répété: «On a vu René Simard! On a vu René Simard!» Comme René portait des jeans *UFO* et que Johanne et moi en voulions à tout prix, maman nous en a confectionné finalement.

L'année où j'ai remporté le concours, Johanne y a participé aussi. Elle était inscrite à titre de danseuse à claquettes. Même si elle n'a pas décroché la palme dans sa catégorie, elle s'est réjouie comme pas une de mon succès. D'ailleurs, un an plus tard, elle s'est vu récompensée à son tour en remportant les honneurs du concours de chant.

Cette fois-là, on m'a présenté comme le champion en titre, et j'ai interprété *Dans l'espace*, de Serge Lama. Je portais un petit costume bleu. La couleur du tissu allait d'un dégradé de bleu foncé au cou vers un bleu pâle aux pieds. Je ne fus pas peu fier de me présenter dans ce costume pour remettre le trophée à Johanne, sous l'œil amusé de M. Duchesne. Ce concours, qui était fort bien organisé et très populaire dans tout le Lac-Saint-Jean, nous a permis de devenir, en quelque sorte, des célébrités dans la région. L'année suivante, nous sommes remontés sur cette même scène, à titre d'invités d'honneur. Encore une fois, le public nous a réservé un très chaleureux accueil.

En 1992, la ville de Dolbeau m'a consacré ambassadeur. Après les cérémonies d'usage, de la signature dans le Livre d'or de la municipalité, un homme aux allures de clochard s'est approché de moi; son visage me semblait familier; c'était Bernard Duchesne. Il était si marqué par l'émotion qu'il n'a pas pu me parler. Ce fut un moment très émouvant. Il m'a serré la main pendant que des larmes coulaient sur ses joues. Quelques semaines plus tard, maman m'apprenait qu'il venait d'être trouvé mort dans sa chambre d'hôtel. Il avait toujours été l'un de nos grands supporters.

Sans exagérer, je peux dire que maman a été mon premier imprésario. Elle possède un grand sens artistique et, chaque fois que j'apprenais une nouvelle chanson, elle me faisait répéter mes gestes devant un miroir. Par exemple, quand on répétait et que je levais un bras en chantant: *le soleil*, elle me disait: «Tout le monde sait que le soleil est là-haut, il ne faut pas trop en mettre, Mario.» Elle savait très bien me diriger. Et si, à certains moments, elle manquait de recul, nous rendions alors une visite à tante Pierrette. Pierrette faisait partie d'une importante chorale; je chantais devant elles, et les deux sœurs révisaient mon numéro.

Maman nourrissait aussi de hautes aspirations pour ma sœur et moi. Encouragée par le succès que nous connaissions maintenant dans notre patelin, elle a écrit aux producteurs de *L'École du music-hall*, une émission de télévision fort populaire à l'époque et au cours de laquelle l'animateur André Richard présentait de jeunes talents. Elle désirait nous voir monter sur cette prestigieuse scène, sans toutefois nous faire part de ses démarches. Je me souviens qu'elle était assise à sa machine à coudre quand la sonnerie du téléphone s'est fait entendre: il s'agissait des producteurs. Elle était folle de joie à penser que ces derniers s'intéressaient à nous.

Quand Johanne et moi l'avons entendu parler de nous à son interlocuteur, nous nous sommes posé des questions. Puis, aussitôt après avoir raccroché, elle s'est tournée vers nous et a dit, le souffle coupé:

— Vous allez faire de la télévision, mes petits!

Bien sûr, j'étais content. Mais, ce qui me plaisait plus encore, c'est que cette aventure allait me permettre d'éviter l'école durant quelques jours.

Papa, maman, Johanne et moi sommes partis en début de semaine en direction de Montréal. La première étape à passer était l'audition: je devais chanter devant les responsables de l'émission. J'aurais bien aimé que Johanne chante avec moi, mais ses intentions avaient changé chemin faisant. Elle se disait beaucoup trop timide pour affronter les caméras de télévision. J'ai donc chanté seul *Bozo* de Félix Leclerc.

> *Dans un marais de joncs mauvais*
> *y'avait*
> *Un vieux château aux longs*
> *rideaux dans l'eau*
> *Près du château, y'avait Bozo*
> *le fils du matelot...*

Aussitôt les derniers mots de ma chanson interprétés, Johanne devait dire tout haut:

— Moi aussi, je chante!

Elle venait soudainement de trouver en elle la confiance qui lui manquait. Il n'en fallait pas plus pour que les responsables demandent à maman si nous chantions en duo.

— Bien sûr qu'ils chantent en duo, répondit-elle.
Ils viennent d'ailleurs de commencer à répéter une
nouvelle chanson: *Vois comme c'est beau.* C'est de
Thérèse Roy et Martin Pelletier.

— Pourraient-ils la chanter dimanche à l'émission?

— Certainement! répondit maman d'un ton caté-
gorique.

Nous connaissions la chanson mais étions loin
d'être en mesure de la chanter. C'est pourquoi, en
quittant les studios de Télé-Métropole, nous nous
sommes arrêtés chez Archambault Musique, rue
Sainte-Catherine, pour acheter le 45 tours de Thérèse
Roy et Martin Pelletier.

De retour dans la famille qui nous hébergeait à
Bois-des-Filion, maman a recopié les paroles exactes
de la composition. Nous avons travaillé la chanson
toute la semaine. Le dimanche, nous étions fin prêts
pour en mettre plein les yeux aux nombreux téléspectateurs du *L'École du music-hall.*

Dans les coulisses du studio A de Télé-Métropole, papa était nerveux, alors que maman demeurait
confiante, réussissant à camoufler sa nervosité.
Johanne et moi étions fiers et silencieux. Quand
l'animateur a dit:

— Et maintenant de la belle visite du Lac-Saint-
Jean, Mario Pelchat! J'ai regardé maman et j'ai
foncé.

J'ai repris *Bozo*, une chanson que j'affectionne
beaucoup. Quelques minutes plus tard, Johanne a
chanté à son tour. Elle avait choisi *Ma mélodie
d'amour*, de Chantal Pary. C'était sa chanteuse
préférée.

Après l'entrevue, où nous avons pris plaisir à
raconter notre voyage à Montréal tout en vantant les
attraits de notre coin de pays, nous avons chanté en

duo. En nous avançant devant les caméras, je peux dire que nous avons savouré chaque minute de ce moment magique. Johanne et moi, nous ne faisions plus qu'un. Je me rappelle comment on se sentait bien dans ces moments où nous respirions à l'unisson.

> *Vois comme c'est beau*
> *Les enfants rêvent comme des*
> *oiseaux...*

De retour à Dolbeau, le lendemain de notre prestation, nous avons eu droit à un accueil triomphal. Toute la ville nous avait vus à l'écran. De retour en classe, mes compagnons étaient aussi emballés. Je me souviens toutefois que Johanne dut affronter les commentaires d'un professeur qui lui a dit:

— Mademoiselle se promène... Vous savez que vous avez manqué une semaine de cours?

Mais ma sœur, qui savait avoir du caractère lorsqu'il le fallait, rétorqua simplement:

— J'ai eu la chance de passer à la télé et je l'ai prise!

Ce fut d'ailleurs une chance qui allait se répéter.

En 1977, des producteurs de Télé-Métropole ont communiqué à nouveau avec maman: on soulignait le 16e anniversaire de la station de la rue Alexandre-de-Sève et, à cette occasion, *Le Music-hall des jeunes*, comme toutes les productions à l'antenne, prenait un air de fête. On désirait nous revoir pour les célébrations.

Avec de larges sourires aux lèvres et le bonheur dans le cœur, toute la famille a repris la route de Montréal. Au cours de la présentation de l'émission spéciale, nous avons à nouveau chanté *Vois comme c'est beau*. Nous avons aussi ajouté à notre récital *La Complainte du phoque en Alaska*. Quelques semaines plus tard, à l'occasion du passage d'André

Richard au *Salon de l'Univers des jeunes de Québec*, nous avons une fois de plus interprété ces deux chansons sur la grande scène centrale et à la demande expresse de l'animateur. André Richard et son équipe nous avaient beaucoup encouragés à persévérer. Toutefois, mes parents connaissaient très peu le monde du show-business. D'ailleurs, je me souviens qu'après notre apparition au *Music-hall des jeunes*, un producteur a téléphoné à la maison; il désirait nous faire signer un contrat d'enregistrement. Mais, comme ce dernier insistait pour que Johanne et moi nous nous installions à Montréal, papa et maman prirent peur. Ils croyaient le tout prématuré. Avec raison d'ailleurs.

Pour une seconde fois, on a donc vu nos visages à la télévision, et ce, à l'échelle de la province. Cette fois, à l'école, on me jalousait un peu et j'ai eu droit à mon lot de platitudes. Sans prétendre que j'ai fait pitié à toutes ces occasions où je franchissais une nouvelle étape dans la chanson, je peux déclarer sans hésiter que je n'ai pas eu droit à la même reconnaissance que si j'avais joué au hockey, par exemple. La chanson, «c'était pour les p'tits gars à maman», disait-on souvent. Bien sûr, ces commentaires disgracieux me touchaient, mais, en même temps, je me répétais:

— Vous allez voir vous autres un jour...

Je n'envisageais pas encore une carrière de chanteur avec sérieux: j'espérais, un point c'est tout. À l'époque, je rêvais souvent d'évoluer dans un domaine qui me passionnait: l'architecture. Les passages à la télévision et les prestations offertes ici et là étaient davantage le prétexte de beaux moments passés en famille. Quand nous prenions la route et que nous logions à l'hôtel, tout avait l'air si beau. Pourtant, sans que je le réalise vraiment, la chanson prenait lentement place dans mes pensées, dans mes rêves.

Notre premier engagement professionnel, à titre de chanteurs, s'est déroulé à Roberval, à l'hôtel de M. Lionel Villeneuve. Nous y chantions les jeudis, vendredis et samedis. Le jeudi, maman nous conduisait au bar, situé à 50 milles (80 km) de la maison; nous ne faisions alors qu'une seule apparition puisque le lendemain nous allions à l'école. Le vendredi, elle nous emmenait à l'hôtel après le souper. Nous y logions le vendredi et le samedi soir. Habituellement, maman retournait à la maison puisqu'elle devait veiller sur nos jeunes frères, Éric et Steve.

Je me souviens, pourtant, de certaines fins de semaine où M. Villeneuve accueillait mes parents dans un petit chalet voisin de l'hôtel. Les vendredis et samedis, nous chantions à 23 h et à 1 h du matin. Nous étions bien jeunes pour chanter ainsi dans un bar, mais tant et aussi longtemps que maman, papa ou M. Villeneuve veillait sur nous, nous pouvions travailler sur la scène de l'établissement. J'avais alors quatorze ans et Johanne, quinze ans. Nous pouvions sentir les appréhensions de nos parents qui ne cessaient de formuler recommandation sur recommandation lorsqu'ils devaient nous laisser seuls. Mais nous avions des copains dans le coin avec qui nous passions plusieurs heures, et l'ambiance de la scène nous plaisait beaucoup. Maman se chargeait à nouveau de notre répertoire. Elle écoutait la radio à longueur de journée. Si une nouvelle chanson s'avérait être un succès, elle transcrivait les paroles sur papier. Quand elle magasinait, il ne fallait pas la chercher au rayon des vêtements pour dames; elle avait toujours le nez plongé dans les feuilles de musique.

En somme, nous étions sages à l'hôtel, mais il nous arrivait aussi d'abuser un peu de ces premiers moments de liberté. Un soir, après que M. Villeneuve fut monté à sa chambre nous croyant bien endormis, Johanne et moi, j'ai dit à ma sœur:

— Ce soir, je vais prendre une bière.

Johanne était réticente à cette idée, mais nous nous sommes relevés, et elle m'a suivi jusqu'au bar de l'hôtel où je me suis «callé» une O'Keefe. J'avais déjà entendu papa dire qu'il le faisait... Puis, j'en ai redemandé. Après une bière et demie, la tête a commencé à me tourner comme jamais auparavant. Johanne m'a ramené à notre chambre où j'ai été malade toute la nuit. Ç'a été ma première brosse.

Nous avons offert des spectacles du genre dans des établissements de la région du Lac, à Chibougamau, à Mistassini, bien que nos parents aient été très réticents face à ces engagements. Mais la chanson primait déjà sur tout, faut-il croire. Dans le *Journal de Québec*, Jean-Claude St-Pierre avait écrit:

«Avez-vous entendu les jeunes Pelchat de Dolbeau? Cette question, on la pose de plus en plus au Lac-Saint-Jean. Mario et Johanne Pelchat sont très en demande, ils ont d'abord fait comme tant d'autres les salles paroissiales, les soirées d'anniversaires, et, maintenant, on les entend dans les cabarets, dans les grandes salles de spectacles...»

Qu'il s'agisse des *Dix jours western de Dolbeau*, du *Jubilée d'or de sœur Austilie Tremblay*, une Augustine, du *Festival de Dolbeau* au Pavillon du Québec à l'expo ou des fêtes soulignant le *50ᵉ anniversaire de Dolbeau* au Lac, nous y étions. En 1977, même si maman était enceinte de Karine, elle nous accompagnait partout et elle était toujours aussi dévouée. Nous avions respectivement, 15 et 14 ans, lorsque maman nous a appris qu'elle était enceinte.

C'était curieux, nous étions déjà des adolescents de niveau secondaire; il nous semblait que la famille était complète depuis un moment déjà.

Quand la belle Karine a vu le jour, ma sœur et moi étions au septième ciel. Cette petite sœur était un cadeau. La naissance de Karine a touché particulièrement Johanne. Durant toute la grossesse de maman, elle avait espéré une fille. Après avoir vu trois frères s'ajouter à la famille, le 21 mars 1978, elle eut enfin une petite sœur. Elle était si heureuse qu'elle a voulu appeler toute la grande famille pour annoncer la nouvelle. Le bonheur a été encore plus grand lorsqu'on nous a demandé, à Johanne et moi, de devenir marraine et parrain de Karine.

J'avais à peine quatorze ans quand j'ai conduit, pour la première fois, le vieux camion GMC brun que mon père possédait. Un jour, après le petit déjeuner, papa m'a dit:

— Je dois conduire mon camion chez grand-papa ce matin. Je vais le laisser chez lui au bord de la route régionale avec une affiche *à vendre,* à la fenêtre... Tu veux le conduire?

Johanne avait peine à en croire ses oreilles, tout comme moi qui attendais ce moment avec impatience. Mes frères Éric et Steve ont grimpé dans la remorque à l'arrière pendant que j'ai pris place au volant de cette grosse machine. Ils avaient le nez collé à la vitre arrière pendant que papa me donnait mille et une indications. Tellement d'indications différentes que j'ai soufflé à papa:

— Je ne sais pas si je serai capable...

— Ce n'est pas compliqué. Je te l'ai dit: «Tu fais comme ci, comme ça ...»

La confiance qu'il me témoignait me touchait, et c'est les deux mains agrippées au volant que je me suis rendu chez grand-papa, fier comme un pape.

Plus tard, à l'âge de seize ans, j'ai suivi un cours de conduite. L'habitude m'est venue d'emprunter la voiture de mes parents. Par exemple, je me souviens des commissions effectuées en ville avec Johanne alors qu'elle était malade. Même lorsque j'ai obtenu mon permis, elle a toujours été impressionnée de me voir au volant de la voiture familiale. Elle me disait souvent:

— Puisque tu conduis, Mario, on va maintenant pouvoir faire des voyages...

Peu avant que sa maladie ne se déclare, Johanne a pris un peu de recul face à notre avenir dans la chanson. Comme elle ne voulait pas en faire son métier mais que nous chantions désormais toutes les fins de semaine, elle se sentait contrainte. Johanne désirait devenir secrétaire médicale. Chanter dans les églises lui suffisait amplement alors que moi, je rêvais de chansons jour et nuit. Johanne répétait souvent:

— Mario veut chanter, et je vais l'encourager, mais moi, je ne veux pas faire ça. Quand j'aurai le rhume, je ne tiens pas à ce que ce soit écrit dans le journal...

Elle prenait toujours un grand plaisir à monter sur scène avec moi, mais n'était pas habitée par la même passion que moi pour le chant même si elle a toujours tout fait avec passion. Par exemple, lorsqu'elle chantait, elle y mettait toute son âme, ses tripes. Elle s'intéressait toujours beaucoup aux mots qu'elle interprétait. Mais, son intimité, son anonymat étaient trop précieux à ses yeux pour qu'elle les sacrifie pour se tailler une place dans le show-business. Tout ce que Johanne désirait était une vie simple et heureuse.

Chapitre 3

UN ANGE
MONTE AU CIEL

En 1979, nous avons accepté, Johanne et moi, de jouer et chanter dans un opéra-rock intitulé *Jésus parmi nous*. Nous y tenions les rôles d'Adam et Ève. C'était une grande production relatant la venue et la vie de Jésus: pas moins d'une cinquantaine de participants. Plusieurs musiciens nous accompagnaient, et le spectacle se présentait en quatorze tableaux différents. Le comédien Michel Dumont prêtait sa voix à Dieu, représenté par une impressionnante étoile de lumière. La pièce devait être présentée dans les églises de la région à l'approche de Pâques.

Au cours des répétitions, tout s'est déroulé sans problèmes. Cependant, depuis un moment déjà, Johanne se plaignait d'un mal de genou, mais pas de façon continue. Pour nous, c'était comme si elle avait dit: «J'ai mal à la tête!»

Les représentations ont débuté. Le public et les critiques locaux louangeaient notre production et ce, partout où nous nous arrêtions. «*Un spectacle grandiose*»; «*Un spectacle différent d'un intérêt certain*»; «*1 500 personnes assistent à* Jésus parmi nous» voilà comment on titrait les articles de journaux. L'un d'eux souligna même: «*Adam et Ève, soit Mario et Johanne Pelchat, furent très bien choisis pour ouvrir le spectacle avec leur voix douce qui enchante le public.*»

Toute la troupe se réjouissait de cet enthousiasme unanime. Nous avions tellement investi dans ce projet, en temps mais aussi en énergie. Puis, vint le dernier spectacle de notre petite tournée. Nous étions à l'église de Saint-Georges, de Jonquière. La pièce débutait alors que Johanne et moi étions assis par terre, recroquevillés sur nous-mêmes. Nous portions de grandes robes blanches. Pendant que la musique d'introduction retentissait, Johanne m'a chuchoté au creux de l'oreille:

— Mario, j'ai mal à mon genou...

Au seul timbre de sa voix, j'ai décelé que ça n'allait vraiment pas. Quand vint le temps de se relever lentement, au son de la musique, Johanne grimaça. Discrètement, je la regardais. Des larmes coulaient lentement sur ses joues. À ce moment-là, j'ai réalisé, pour la première fois, que le mal dont elle souffrait était sérieux. Nous avons tout de même poursuivi la présentation, mais, en plusieurs occasions, j'ai remarqué qu'elle avait beaucoup de difficulté à se déplacer. Je lisais le désarroi sur le visage de ma soeur, même si elle tentait de dissimuler sa douleur.

Sur le chemin du retour, dans la voiture, je n'oublierai jamais toutes les larmes que ma soeur a versées en pressant son genou contre sa poitrine. Maman était désemparée. Par la suite, les choses se sont précipitées d'une façon telle que ce fut l'une des dernières fois où Johanne est montée sur scène. Jamais au grand jamais nous aurions pu présager un tournant de vie semblable.

Je garde tout de même un souvenir unique de cet engagement. Comment oublier le visage de Johanne ce soir-là, où le diable, personnifié par le frère Jacques Guay, venu la tenter avec une pomme lui disait:

— Goûtes-y et n'en parle à personne...

— Même pas à Adam? répondit Johanne.

— Surtout pas à Adam! recommanda le diable.

Et voilà que là, en coulisses, j'ai réalisé, en même temps que Johanne, que notre fameux diable ne se souvenait plus du texte de la ligne suivante. Après un moment de silence, il a lancé à Johanne, éberluée:

— Justement, parle m'en donc d'Adam!

Nous avons tellement ri. Ce fut le branle-bas de combat en coulisses pour lui souffler les paroles manquantes. Et que dire de la musique, des costumes, de la complicité... Que de beaux moments!

Le lendemain, maman s'est rendu à l'hôpital avec Johanne. Là-bas, on lui a dit que ce pouvait être de l'eau dans un genou ou peut-être un problème de ménisque. L'utilisation de béquilles fut prescrite à Johanne pour une semaine. À Dolbeau, il n'y avait pas de grands spécialistes, et les diagnostics étaient plutôt larges. Il fallut attendre le mois de mai — donc le mois suivant — pour qu'un pathologiste passe à l'hôpital de Dolbeau. D'ailleurs, à l'hôpital, on avait dit également à Johanne qu'on ne recevait que les gens qui avaient rendez-vous en février. Nous étions en mai. Tout ce retard était dû au fait que le pathologiste ne venait à Dolbeau qu'une journée par mois. D'un ton ferme, Johanne a fait comprendre à la secrétaire qu'elle devait voir ce pathologiste dès sa prochaine visite en ville. Pressentait-elle déjà combien son mal était sérieux? Je ne sais pas. Mais l'inquiétude était énorme.

Quand le spécialiste a enfin analysé les radio-graphies, il est devenu évident que Johanne devait aller à Alma pour une biopsie. J'ai accompagné maman et Johanne au cours de ce voyage. Une fois les prélèvements effectués, l'attente a été éprouvante. Quand le premier verdict a tombé, nous ne pouvions le croire:

— Johanne a une tumeur cancéreuse au genou, nous annonça le médecin.

Maman fut très ébranlée. Elle a aussitôt appelé papa au chantier pour lui annoncer la mauvaise nouvelle. Quelques heures plus tard, il était de retour à la maison. Il a pleuré dans les bras de maman.

Le lendemain était le jour de la confirmation de mon frère Éric. Toute la famille a assisté à l'événe-ment, mais l'absence de Johanne fut lourde de signi-fication. Après la célébration, nous nous sommes tous rendus à l'hôpital pour partager ce moment avec elle. Nous sommes arrivés à Alma à l'heure du souper. Un peu plus tard dans la soirée, alors que maman demeurait auprès de Johanne, papa et moi sommes sortis dans le couloir. Papa ne pouvait plus cacher sa peine. Quand le docteur a aperçu papa, il s'est approché de nous:

— Monsieur Pelchat, j'ai de nouveaux résultats concernant l'état de Johanne, dit-il.

Papa a seulement fait un signe de tête pour indiquer au médecin qu'il était prêt à l'écouter. Ce dernier a poursuivi en ces termes:

— L'état de votre fille est très inquiétant, monsieur Pelchat. Il faudrait absolument qu'elle soit hospitalisée à Québec en raison de cette tumeur cancéreuse au genou droit.

— Mais la tumeur peut être traitée, n'est-ce pas? questionna papa.

— Oui! Mais il faut aussi envisager l'amputation.

Nous sommes restés muets de stupeur. Quand papa a poussé la porte de la chambre de Johanne, le regard de maman en disait déjà long. C'était comme si elle savait tout. Nous avions beaucoup de difficulté à contenir nos émotions devant ma sœur. Nous ne lui avons pas parlé du diagnostic du médecin. À notre arrivée, plus tôt dans la journée, elle avait déjà beaucoup pleuré. On lui avait appris qu'elle ne pourrait plus retourner à l'école cette année-là. En soirée, de retour à la maison, plusieurs membres de la famille se sont montrés d'un grand soutien. L'émotion de la journée étreignait tous et chacun. Ce n'est que le lendemain qu'on a appris à Johanne la présence de cette tumeur.

Au moment de notre participation au spectacle *Jésus parmi nous*, j'avais déjà un pied dans le plus fort de ma crise d'adolescence. Au terme de ce spectacle, j'ai mis la chanson de côté. J'ai rempli quelques engagements, sans ma sœur, mais le plaisir et le gang de copains passaient avant. Et puis, la maladie de Johanne devenait la préoccupation majeure de tous. Je me sentais un peu perdu seul sur une scène.

Malgré tout, chaque fois que j'exprimais le désir de chanter, ma sœur et maman m'y encourageaient Un jour, j'ai contacté moi-même le propriétaire d'un bar de Dolbeau où des chanteurs se produisaient régulièrement. Sans trop se faire prier, le patron m'a offert un contrat de quelques jours. Toutefois, je me souviens combien je fus déçu de ne pas pouvoir répondre par l'affirmative lorsqu'il m'a demandé si j'avais une affiche qu'il pourrait mettre dans sa vitrine.

— Mais ne vous en faites pas, j'en aurai une dans quelques jours, ai-je expliqué.

Afin de remédier à la situation, en vitesse et avec les moyens du bord, j'ai fabriqué moi-même mon premier poster. J'ai emprunté d'abord le polaroïd d'un membre de la famille et j'ai demandé à Johanne qu'elle me photographie revêtu de différents costumes, tandis que je prenais différentes poses toutes plus artistiques les unes que les autres.

Ensuite, sur un grand carton, j'ai déposé deux des photos de biais dans les coins supérieurs, deux autres dans la même position dans les coins inférieurs et une au centre. Tout juste au-dessous de celle-ci, j'ai inscrit mon nom en grandes lettres appliquées. C'était d'un chic sans pareil... Aujourd'hui, je serais très mortifié s'il fallait qu'on retrouve cette affiche. Mais, sur le moment, je me sentais très fier — une fierté partagée avec Johanne — de voir mon affiche dans la vitrine de ce bar.

J'ai revu Johanne alors qu'elle était hospitalisée à Québec. De sa chambre au quatorzième étage, elle m'a dit qu'on pouvait apercevoir le Château Frontenac. Elle semblait heureuse. Encore plus lorsque je lui ai annoncé que j'apportais du courrier de ses amis de Dolbeau. Puisque Johanne était à Québec pour un long séjour, quand nous lui rendions visite, nous habitions à nouveau chez la tante Ghyslaine, à Beauport. Il m'était difficile et pénible de voir Johanne; j'étais si triste. Et voilà qu'on parlait d'une possibilité de cancer des os, et l'amputation paraissait inévitable. Je ne pouvais m'imaginer ce dur moment. Déjà, Johanne prenait des médicaments. On lui administrait de la morphine pour atténuer ses douleurs. J'étais convaincu qu'elle savait, en son for intérieur, jusqu'à quel point son mal était grave. D'ailleurs, dans son journal personnel, qu'elle a tenu durant la dernière année de sa vie, elle a écrit: «Ce soir, je prie beaucoup pour que Dieu me redonne courage. Une impression me dit que je joue aux échecs avec mon destin et je crains toujours que l'imprévisible en débranche le jeu, sans crier gare. Pourtant, il faut que je m'accroche; ça s'appelle CONFIANCE, il faut que je croie jusqu'à l'absurde, et ça s'appelle: FOI.»

Le jour où j'ai appris qu'on allait devoir amputer ma grande sœur de sa jambe droite fut l'un des deux jours les plus tristes de ma vie. L'autre, c'est le jour où le salon funéraire a ouvert ses portes pour elle. Bien sûr, je n'ai pas cessé de penser à Johanne, mais cette tristesse était aussi présente à cause de l'amour que j'ai pour ma mère. De la voir souffrir comme elle a souffert fut déchirant comme ce n'est pas permis. J'ai réalisé durant cette épreuve combien une mère peut aimer ses enfants. Quand on touche à un enfant, les parents ont mal comme s'ils en étaient les premières victimes.

La nouvelle est tombée un mardi, au retour de Québec. Johanne était fatiguée du lit, du fauteuil roulant, de l'hôpital et de l'appareil qu'elle devait désormais porter. Nous l'avions quittée parce que papa devait retourner au travail — il fallait subvenir aux besoins financiers de la famille; nous étions cinq enfants —, et maman, épuisée, devait de son côté prendre soin de cette jeune marmaille malgré toute l'aide extérieure qu'on pouvait lui apporter.

À notre retour à la maison, maman a parlé à Johanne au téléphone. Elle se disait remise de notre départ et ajoutait attendre des nouvelles des médecins. Les médecins avaient convenu de communiquer la nouvelle à Johanne après notre départ. «Cela valait mieux ainsi», nous avaient-ils dit plus tard.

Dans ce genre de situation difficile, le futur opéré reçoit souvent une surdose de courage en apprenant la nouvelle alors que les proches sont plutôt effondrés, emportés par leur empathie, leur compassion et leur apitoiement.

En fin de journée, au retour du travail, papa a décidé d'appeler à son tour Johanne pour prendre de ses nouvelles et pour savoir si elle avait parlé au médecin. Ce que nous attendions tous avec impatience et appréhension à la fois. Je me souviendrai toujours de ce moment. Maman changeait la couche de Karine dans la salle de bains. J'étais assis dans la cuisine avec papa quand le téléphone a sonné. Johanne appelait avant que papa n'eût le temps de le faire. Il s'est levé et a répondu. Dès les premières paroles de Johanne, il a compris. Il s'est assis, découragé, en disant:

— Johanne... Qu'est-ce qu'il y a? Pauvre petite... Pourquoi pleures-tu ainsi? Dis, Johanne, qu'est-ce que tu as?

Une inquiétude insoutenable régnait dans la maison. Et papa a laissé tomber un lourd:

— Non, non, c'est pas vrai...

Maman avait aussi tout compris. Elle s'est mise à crier à tue-tête, elle se cognait partout. Elle avait les jambes molles et elle se serrait le ventre à deux mains. Depuis, je n'ai jamais vu quelqu'un souffrir autant. Abandonnée sur le comptoir de la salle de bains, Karine pleurait aussi à chaudes larmes. Papa était effondré. Je ne savais que faire. Je ne peux me remémorer ses images sans souffrir encore terriblement. C'était affreux. Quand j'ai soudainement pensé à Johanne au bout du fil, j'ai décroché l'autre récepteur téléphonique dans la maison. Elle semblait soudainement très calme. Elle a dit, avec simplicité:

— Je ne pourrai plus danser...

Une tante, qui demeurait à côté de chez nous, vint réconforter maman. Elle avait entendu ses cris de douleur jusque chez elle. Un peu plus tard, maman aussi a parlé à Johanne. Aujourd'hui, je réalise davantage l'ampleur de la situation. À l'époque, j'étais perdu, bouleversé. Je vis maman réagir, j'ai écouté au téléphone et j'ai pleuré. Mais je crois que j'ai davantage pleuré de voir pleurer mes parents. Aujourd'hui, en me remémorant ces scènes, j'éprouve toujours énormément de peine et un grand mal intérieur.

Le vendredi suivant, le 1er juin, Johanne s'est fait amputer. Depuis qu'ils avaient appris l'amputation, papa et maman ont voulu rester auprès d'elle. Après l'appel de Johanne, ils ont repris aussitôt la route pour Québec. La veille de l'intervention chirurgicale, ils l'ont entourée d'amour et de tendresse. Moi, je me suis rendu à son chevet le jour de l'opération en compagnie d'un de mes cousins. Je tenais tellement à être là que je n'avais pas encore envisagé ma réaction. Une fois à l'hôpital, les appréhensions ont refait surface. Est-ce que Johanne allait se rendre compte que je regardais ses jambes? Et encore, comment ne pas regarder? Nous avions tous les mêmes inquiétudes, j'en suis sûr! Quand je suis entré dans la chambre, Johanne revenait à elle, après le terrible tour du destin. Notre réaction, humaine, a été de regarder la jambe manquante. Tant bien que mal, nous avons reporté notre attention sur le visage de Johanne. Pourtant, elle avait la même préoccupation que nous. D'une voix faible, elle nous a dit:

— Regarde-moi l'allure... le trou...

— Mais Johanne, c'est toi qu'on est venu voir. Toi, tu es toujours la même, lui avons-nous répété chaque fois qu'elle redisait ces paroles.

La chambre était remplie de fleurs et de lettres. Johanne adorait ces petits mots. J'avais d'ailleurs écrit l'un d'eux et le post-scriptum de ma lettre disait: «P.-S.: Je viens de m'apercevoir combien je t'aime. O.K. Mario XXX». En la regardant, je pensais aux semaines précédentes. À toutes ces fois où elle me demandait de porter ses livres scolaires parce qu'elle avait des béquilles et que je maugréais.

L'opération l'avait diminuée physiquement mais combien grandie intérieurement. Même si elle souffrait terriblement, Johanne démontrait une telle force, une telle maturité. Dans les jours qui ont suivi, Johanne se questionnait déjà à savoir comment elle allait évoluer étant devenue unijambiste. «Comment vais-je pouvoir danser? Serais-je dans un fauteuil roulant un jour? Comment vais-je pouvoir porter mes enfants si je suis enceinte?» autant de questions qu'elle se posait, qu'elle me posait.

Nous avions toujours été très près l'un de l'autre, échangeant sur nos amours, nos amis, nos idées de spectacles, que nous répétions si souvent dans sa chambre. Nous sommes demeurés très proches jusqu'au dernier jour. Mais nous ne parlions pas vraiment de sa maladie. Rapidement, Johanne fut très à l'aise avec son handicap, de sorte que nous le sommes tous devenus aussi. Cela était certainement dû à sa grande force morale. Enfin, peut-être le faisait-elle pour nous?

De retour à la maison, même avec une seule jambe, Johanne a poursuivi son rituel du samedi matin. Depuis quelques années, elle avait pour tâche de nettoyer la salle de bains et elle faisait toujours cela d'une façon impeccable même si la pièce était très grande. Toutefois, après son opération, elle faisait son ménage en refermant derrière elle les trois portes donnant accès à la salle de bains. Elle aimait aussi passer l'aspirateur en sautillant sur une jambe. Quelquefois, au cœur de la nuit, elle criait. Elle ressentait des douleurs dans la jambe qu'elle n'avait plus. Pourtant, jamais cette brave fille ne laissa paraître la fragilité de ses seize ans.

Deux jours avant le 50ᵉ anniversaire de mariage de mes grands-parents Gagnon au début de juillet, Johanne a obtenu son congé de l'hôpital. Elle était si heureuse de pouvoir assister à l'événement. Elle a trouvé une façon coquette de se vêtir, en portant du tulle sous sa robe afin de camoufler le vide laissé par sa jambe manquante. Elle arborait de plus un magnifique foulard qui couvrait son crâne dégarni en raison des traitements de chimiothérapie auxquels elle s'était soumise.

Cette belle journée a débuté par la messe dominicale, à laquelle toute la famille a assisté. Johanne se sentait si bien qu'elle a interprété quelques chansons à l'église. Non sans faire couler des larmes. En soirée, au cours de la réception, elle a dansé sur un pied avec nos oncles, tantes, cousins et cousines. Les sourires étaient de mise et elle a eu droit à l'admiration de tous. Nous avons même chanté ensemble ce soir-là des chansons choisies dans notre répertoire habituel. Dans son journal, Johanne écrira plus tard: «L'ambiance est chouette, et je flaire la goutte de rosée dans le désert de ma détresse.»

Le week-end où Johanne fut amputée, nous devions chanter en duo dans un bar-salon. Évidemment, nous avions annulé. Peu après le 50ᵉ anniversaire de nos grands-parents, je devais reprendre ce contrat et Johanne avait tenu à assister au spectacle. Elle était demeurée assise dans la salle durant ma prestation, accrochée à chacune de mes paroles. Ce fut très émouvant pour nous. La tradition voulait également que nous partagions un souper un peu plus élaboré, plus copieux que d'habitude les dimanches soir. C'était la façon que papa avait de nous dire qu'il appréciait notre compagnie. Son travail l'accaparait durant la semaine et l'éloignait de nous. Souvent, nous partagions une fondue à ce repas. Des oncles et tantes étaient toujours les bienvenus.

Je repense avec nostalgie à ces belles réunions. Surtout celles où Johanne était présente, dans les derniers moments. À l'époque — tout comme aujourd'hui d'ailleurs —, nous formions une belle famille...

Ainsi, août, septembre, octobre, novembre ont passé. Nous n'avons jamais été riches, mais nous vivions très bien à la maison. Papa et maman se faisaient un devoir de bien vêtir leurs enfants, de leur donner une bonne éducation et de leur inculquer le respect d'autrui. Toutefois, dès les premiers jours de sa maladie, Johanne se fit du souci. Elle croyait que papa aurait moins d'argent pour subvenir aux besoins de la famille en raison des soins que son état exigeait. Elle a donc insisté avec ardeur auprès de lui pour qu'il demeure au travail lorsqu'elle devait suivre les traitements de chimiothérapie, une fois par mois. Cela crevait le cœur de papa de la voir partir ainsi, mais Johanne tenait à ce que les choses se déroulent de la sorte. Elle ne voulait pas le voir s'endetter davantage. Johanne était fière et soulagée de prendre l'autobus une fois par mois, malgré les conséquences que le traitement avait sur elle: vomissements, perte d'énergie, pertes de cheveux... Ces traitements transformaient Johanne. Après chacun d'eux, il lui fallait toujours quelques jours avant qu'elle n'amasse une nouvelle dose de courage pour poursuivre sa route.

Au mois d'octobre, nous nous sommes tous réjouis pour Johanne. Grâce à la bonté de mon oncle Yvon, elle a pu l'accompagner, lui et sa famille, en Floride. Les plages, le soleil, la chaleur et Disney

World l'ont enchantée. À son retour, elle était radieuse et détendue. En effectuant ce périple, elle a réalisé un grand rêve. Elle a pu admirer de ses propres yeux des paysages qu'elle se dessinait en pensée depuis si longtemps.

Johanne photographiait toujours des paysages. Un jour, elle avait décidé de photographier les chutes entre Mistassini et Dolbeau. Elle a consacré tout un film, 24 poses, juste sur ces chutes. Elle était amoureuse de la nature, qui était aussi une inspiration pour les nombreux dessins qu'elle nous a laissés. À son retour de Floride toutefois, le destin s'est manifesté une fois de plus durement. Après que Johanne eut reçu son traitement du mois de novembre, son médecin nous a appris qu'elle n'en avait plus que pour un mois à vivre. La décision fut prise de ne pas en parler à Johanne. Toutefois, elle réalisait bien que sa santé déclinait rapidement.

Le 7 décembre 1979 demeurera également un souvenir impérissable pour moi. Johanne et moi sommes sortis ensemble pour une dernière fois. Nous nous sommes rendus au bar Polynésien, un endroit que nous connaissions bien pour nous y être produits à plusieurs reprises. De plus, l'établissement appartenait à notre oncle Yvon. Durant la soirée, ce dernier insista d'ailleurs auprès de Johanne pour qu'elle chante. Mais ça ne lui disait rien; elle avait de la difficulté à respirer. Toutefois, il n'avait pas eu tort de croire que Johanne aimerait bien cela puisque, en fin de soirée, elle nous a fait part de son désir de chanter. Tous les amis l'ont encouragée tout de suite. Sous un tonnerre d'aplaudissements, elle s'est avancé près du micro. Elle a chanté *Santa Maria de la mer*, de Mireille Mathieu.

La statue regarde la mer
qui vagabonde
Donnez-leur la lumière
D'un sourire au cœur...

L'interprétation de Johanne fut très intense. Des larmes coulaient continuellement sur ses joues. C'est la dernière fois que j'ai entendu sa magnifique voix chanter. Durant les jours qui ont suivi, en rentrant de l'école, je la retrouvais toujours emmitouflée dans une couverture, étendue sur mon lit. Elle écoutait des disques sur ma chaîne stéréo. Elle faisait passer sans arrêt la chanson de Fabienne Thibault: *Le monde est stone.*

Laissez-moi me débattre
Ne venez pas me secourir
Venez plutôt m'abattre
Et m'empêcher de souffrir...

Un soir où elle écoutait cette chanson et que nous étions seuls, je me suis assis auprès d'elle. Après quelques minutes de silence, elle m'a dit:

— J'ai demandé à papa de me conduire à l'hôpital de Dolbeau ce soir.

Je savais que Johanne préférait l'hôpital de Québec; là il y avait de grands spécialistes qui pouvaient tenter de la guérir. Quand elle m'a parlé de l'hôpital de Dolbeau, j'ai compris qu'elle en avait assez de se battre. Noël allait arriver sous peu, et, ce même soir maman a proposé à Johanne de lui offrir son cadeau tout de suite. Mais, ma sœur préféra le laisser sous l'arbre. L'espoir n'est-il pas plus fort que tout?

Ses derniers jours furent douloureux. Johanne avait peine à s'exprimer et devait continuellement avoir recours à de l'oxygène, en plus d'absorber des médicaments en dose massive. Pourtant, le 16 décembre dans la soirée, à la surprise de tous, les écouteurs sur la tête — parce que même à l'hôpital sa musique ne la quittait jamais — elle se mit à chanter *Tu es là*, de Ginette Reno. La famille et les infirmières présentes à l'étage étaient estomaquées. Tous venaient l'entendre chanter:

> *Tu es là*
> *Là, là, là, là*
> *Mon soleil*
> *Mon amour à moi...*

Le lendemain, 17 décembre, vers 19 heures, Johanne priait quand, tout à coup, elle se tourna vers maman:

— Je suis prête. Le Seigneur peut venir me chercher.

Elle était souriante et semblait même transformée, soulagée. Comme elle était très faible, quelques heures ont passé avant qu'elle n'ajoute:

— Ne pleurez pas, non, ne pleurez pas, je serai avec vous, je guérirai votre peine, ensemble nous serons forts. C'est moi qui reverrai Isabelle la première. J'étais sa meilleure amie.

Avec l'arrivée de la nuit, elle a sombré dans un profond coma. Elle est morte aux premières heures du matin du 18 décembre 1979.

Six ans plus tôt, la famille Pelchat avait été éprouvée par le décès de ma cousine Isabelle, la fille de Colombe, la sœur de papa. Elle était l'aînée des petits-enfants Pelchat, tout juste devant Johanne. D'ailleurs, Johanne et Isabelle étaient très près l'une de l'autre, et son départ avait bouleversé ma sœur. Cette mort m'avait touché grandement moi-même. Isabelle était une belle grande fille de treize ans. Un soir d'octobre 1973, elle s'était fait happer par une voiture sur la route régionale, à l'entrée de Dolbeau. Étrangement, l'après-midi précédant sa mort, elle avait demandé une permission spéciale pour ne pas aller à l'école et elle avait écouté, sans arrêt, la chanson *Laisse-moi t'aimer*, de Mike Brant. Une chanson que j'affectionne tout particulièrement et que je reprends souvent en spectacle depuis quelques années. De plus, le matin précédant sa mort, elle avait écrit un poème magnifique ayant pour titre *Les Saisons*, et dans lequel elle écrit à propos de l'automne:

> *Le piéton effaré cherche un toit*
> *pour s'abriter*
> *L'automobiliste trop pressé, trop*
> *pressé pour s'arrêter...*

Comment ne pas se questionner sur la mort après autant de faits semblables? À cause de ce poème laissé par ma cousine, en raison de la force de caractère unique et de la foi démontrées par ma sœur en ses derniers jours parmi nous, et aussi en relisant ses écrits, je suis perplexe face à la mort. Comment peut-on se sentir lorsqu'on est confronté à la mort? Est-ce qu'on sait qu'on va mourir? Et il y a cette peine que nous éprouvons. Quand on perd une grand-mère, on peut toujours dire qu'elle a vécu de nombreuses années et qu'on savait qu'elle allait tout de même nous quitter dans un avenir pas si lointain. Toutefois, perdre un être si cher que notre sœur et dans la fleur de l'adolescence de surcroît, c'est douloureux. Très douloureux.

En repensant à cette nuit où Johanne nous a quittés, Fleurette Gilbert, son professeur de piano, ne pouvait mieux décrire ce que nous ressentions tous devant le vide énorme laissé, dans un recueil dédié à Johanne, Mme Gilbert a écrit:

«Nous restons là, avec notre sang qui proteste, avec notre chair dont on a tué un grand morceau pendant que, majestueusement, Johanne monte dans ce grand train qui l'emporte au-delà d'elle-même pour participer à la vie des dimanches éternels.

Derrière les vitres closes, elle nous fait de grands signes d'adieu. Nous demeurons, disloqués, dans la contemplation de son parachèvement. À l'écoute de cette symphonie qui s'achève, nous avons la révélation des desseins de Dieu sur notre petite reine. C'est la dernière note, mais elle aura une résonance démesurée sur sa famille et son entourage.»

Pour son dernier repos, Johanne a porté la chaîne en or que maman tenait à lui offrir pour Noël. Il y a eu tellement de fleurs au salon funéraire qu'il a fallu trois voitures pour les transporter toutes. Un mois avant son décès, Johanne et maman avaient croisé un cortège funèbre à quelques pas de l'église. Johanne avait alors remarqué qu'il y avait très peu de fleurs sur la voiture.

— Ça fait drôle... avait-elle dit.

Maman avait alors souligné:

— Peut-être que la famille a demandé que des dons soient faits à un organisme.

Personne ne disait que Johanne allait mourir à ce moment, surtout pas maman. Pourtant ma grande sœur avait ajouté:

— Bien moi, j'en veux des fleurs!

C'était la première fois qu'elle faisait allusion à son départ.

À ses funérailles, l'église de Dolbeau était bondée. Johanne était connue et si appréciée. Durant l'office, j'ai chanté *Toi, le poète*, de Ginette Reno.

J'ai vu des sapins qui chantent
J'ai vu des oiseaux pleurer...
Quand tes yeux m'inventent
Cet amour que tu m'as donné...

J'ai interprété la chanson un peu comme si Johanne s'adressait à Dieu. J'ai peine à croire que j'ai pu chanter ce jour-là. Même si une amie qui possède une belle voix s'était jointe à moi afin de me

soutenir. Aujourd'hui, j'en serais totalement inca-
pable. Je n'étais pas pleinement conscient de la
situation.

Plus émouvant encore fut le moment où la voix de
Johanne a résonné dans l'enceinte de l'église. Comme elle avait toujours rêvé de chanter à son mariage,
selon ce que nous avons cru être sa volonté, nous
avons fait entendre la chanson *Marie-Madeleine*, un
extrait de l'opéra *Jésus-Christ Superstar* qu'elle avait
interprété un an plus tôt à une messe de fin d'année
destinée aux étudiants.

En revenant du cimetière, Karine, qui n'avait
qu'un an, s'est mise à pleurer en entrant dans la
maison envahie de fleurs. Bien souvent, au cours des
mois suivants, elle a éclaté en sanglots en disant:

— M'ennuie de Oanne...

Elle exprimait le lourd chagrin que nous portions
tous en nous et que nous exprimions en silence et
souvent par des larmes solitaires.

Il m'arrive souvent de penser qu'il fut préférable
que je perde ma sœur à l'âge de quinze ans plutôt
qu'à l'âge adulte. Vivre ce drame aujourd'hui me
minerait incroyablement. Pourtant, avec l'exemple
de Johanne, je sais que nous avons tous en nous une
force inconnue, des ressources insoupçonnées qui
nous permettent de faire face aux épreuves les plus
douloureuses. Parmi les grands enseignements
qu'elle m'a laissés, il y a cette confiance unique. Ce
n'est qu'au fil des semaines et des mois qui ont suivi
son départ que j'ai réalisé que je ne reverrais plus ma
sœur adorée. Aujourd'hui, je sais que je la reverrai
un jour.

Chapitre 4

UNE ADOLESCENCE REBELLE

De spectacle en spectacle, je grandissais, je mûrissais. Peu à peu, les endroits où je me produisais prenaient une certaine importance à mes yeux, ils devenaient plus qu'une scène, c'était devenu un attrait.

Cependant, dès l'âge de quatorze ans, j'ai commencé à fréquenter les bars avec des garçons du voisinage. Comme de nombreux jeunes, je ressentais le désir de choquer un peu les plus vieux. Avec les copains, je prenais un malin plaisir à tester la réaction des adultes vis-à-vis de nos choix, nos actions. Par exemple, je portais les cheveux longs et la fameuse chemise en flanelle à carreaux ainsi que les bottes de travail à bouts d'acier que je prenais bien soin de ne pas lacer. Tout cela faisait partie du «look». Je n'étais plus le petit gars aux habits confectionnés par sa mère. Pourtant, je savais fort bien que l'image que je projetais ainsi vêtu était loin de plaire à mes parents.

Comme dans toutes les familles, ce fut maman, la première, qui m'a surpris une cigarette à la bouche. Elle n'a pas apprécié, comme de raison. Pourtant, peu de temps après, sans scrupules, j'allais à l'école avec mon paquet d'Export «A» dans la manche de mon chandail. Que pouvait-elle y faire? Un jour, j'ai acheté du papier à rouler, histoire de faire comme les autres. Maman l'a trouvé. Elle s'est encore montrée fort inquiète de mon attitude. Pourtant, je ne l'utilisais pas ce papier. Je l'achetais pour fournir les copains qui fumaient de la marijuana. S'il leur arrivait de dire: «Mario, as-tu du papier?» Je voulais pouvoir répondre: «Oui, voilà!» Sinon, je passais pour le petit gars à sa maman. Malgré mon désir de provoquer, je gardais la tête sur les épaules et je n'appréciais pas du tout les drogues.

Je fréquentais aussi mes cousins. Ces derniers avaient des frères et sœurs aînés qui côtoyaient des motards (avec des Harley), et c'était «hot» d'être dans les parages. Nous écoutions la musique de Deep Purple, d'Alice Cooper, de Yes et de Supertramp. Parce que les murs de la chambre de mon cousin Dany étaient couverts de posters de groupes rock et de photos de motos, j'ai fait de même chez moi. Ça me permettait de croire que j'avais cela dans le sang: la vie de motard.

Quand arrivait la fin de semaine, nous avions l'habitude de commencer la soirée chez Henri Gagnon, une brasserie très fréquentée des jeunes. À l'intérieur comme à l'extérieur, c'était vieux, très vieux même. À l'entrée, il y avait des cireurs de chaussures; dans un coin, un barbier et, plus loin, un casse-croûte avec son grand comptoir et ses tabourets. Tout au fond de cette grande pièce, il y avait une salle de billard. La soirée débutait justement près des tables de billard, où nous ingurgitions, coup sur coup, deux grosses bières.

Une fois la soirée lancée, nous allions de l'autre côté de la rue, Chez Milot. Il y avait Milot du bas et

Milot du haut. En haut, c'était une discothèque et c'était un peu trop chic pour nous; nous allions donc en bas. Mais, avant de descendre, nous allions toujours faire un tour en haut. Nous n'y restions que quelques minutes, histoire de nous faire voir. Ainsi, lorsque mes parents me demandaient où j'avais passé la soirée, je pouvais répondre: «Chez Milot!» «Pas chez Milot en bas?» questionnaient-ils chaque fois. Et je rétorquais tout fier: «Non, non. Je suis allé en haut, voyons!»

Si quelqu'un avouait être allé chez Milot en bas, on le regardait avec un drôle d'air. Mais nous, nous aimions ça. Entrer dans cette pièce sombre, c'était comme entrer dans les bas-fonds de Dolbeau. Notre tournée des bars ne s'arrêtait pas là. Un dernier autobus faisait la navette entre Dolbeau et Mistassini vers une heure du matin. Bien souvent, la bande sautait dans cet autobus pour aller terminer la soirée «Au Bonnet Rouge», à Mistassini.

À cet endroit, qui ressemblait davantage à une discothèque, Rosaire, le portier, était un homme qui nous impressionnait beaucoup. Et puis, malgré nos airs de durs à cuire, nous dansions allègrement au son des *I Love to Love*, *By the River of Babylon* et *Knock on Wood*. Sur la piste de danse, nous reprenions en groupe tous les gestes et mouvements à la mode. Cette discothèque existe toujours, et, chaque fois que j'entends ma petite sœur Karine dire: «Nous sommes allés Au Bonnet Rouge hier...», ça me fait sourire!

Je me rappelle les bons moments où nous étions si insouciants. Mon intrusion dans ce monde de nuit a débuté un peu avant que Johanne ne soit malade mais s'est amplifiée après son décès. Mon côté rebelle a pris vraiment de l'ampleur. Peut-être était-ce une forme de réaction à la tragédie qui venait de me frapper?

Je fréquentais désormais le fameux «Club des Vans», situé à Sainte-Élisabeth-de-Proulx. C'était un groupe où la majorité des membres possédait une fourgonnette transformée en un véritable petit salon sur quatre roues. Les fauteuils en velours, les tapis «Shag», les pompons multicolores et les dés en peluche: tout y était.

Depuis cette nuit où maman m'avait surpris pénétrant dans la maison par une fenêtre de la cave, aux petites heures du matin, mes parents m'interrogeaient sur mes allées et venues. À ce moment-là, mes parents me soupçonnaient de consommer de la drogue, mais j'étais très peu bavard sur mes agissements. Et pour cause, car je ne pouvais plus dire que je n'avais jamais consommé. J'ai touché à la drogue pour faire comme les autres, certes, mais il n'en demeure pas moins que je n'avais rien d'un ange.

J'ai passé même toute une soirée assis sur un haut-parleur dans un club de la région. Les enceintes étaient si grosses qu'on pouvait y prendre place sans problème. Après m'être fait sonner les oreilles au maximum et avoir enfilé plus d'une bière, j'ai ramassé mon parka vert armée et j'ai pris la porte. À l'extérieur, une tempête de neige sévissait. Comme j'étais à Normandin et sans voiture, j'ai fait du stop. Il y avait très peu de circulation, et personne ne m'embarqua. Après avoir marché quelques minutes, je me suis retrouvé devant l'église du village. J'avais très froid. De l'autre côté de la rue, j'ai aperçu un camion. Je suis allé voir si les portières du camion étaient verrouillées, elles ne l'étaient pas, et les clés étaient même à l'intérieur. J'ai ouvert la portière et j'ai fait démarrer le moteur. J'ai ouvert la chaufferette puis je suis ressorti. J'ai tenté encore de faire du stop quelques minutes, le temps de laisser l'intérieur du camion se réchauffer. Comme ça ne marchait toujours pas, je suis revenu dans le camion.

Après une quinzaine de minutes passées là, personne n'était encore venu me voir. Le camion semblait ne plus avoir de propriétaire. J'ai donc embrayé et je suis rentré à Dolbeau dans ce véhicule tout chaud. Je ne voyais presque rien sur le chemin, tellement il neigeait. Arrivé près de chez moi, j'ai garé le camion derrière un restaurant et, de là, je suis rentré à pied à la maison

Le lendemain, quand je suis parti pour l'école, j'ai pu voir le fameux camion toujours stationné derrière le restaurant. Après mes cours, en fin de journée, j'ai retrouvé la bande et, avec fierté, j'ai raconté mon histoire aux copains: «Je vous le dis, les gars, j'ai pris le camion et je suis parti. Il est encore derrière le restaurant...»

Tout à coup, l'un des copains m'a dit:

— J'espère que tu as essuyé tes empreintes au moins...

Je n'y avais pas pensé.

Dès ce moment, cet oubli me préoccupa énormément. Si bien que, le soir venu, je suis retourné derrière le restaurant pour frotter soigneusement avec un papier-mouchoir tous les endroits que j'aurais pu toucher. J'essuyais partout, pour ne laisser aucune trace. «Ainsi, la police ne pourra pas me retracer», pensais-je.

Mais il aurait encore fallu que les policiers possèdent mes empreintes digitales? Enfin... Finalement, le camion est demeuré dans le stationnement quelques jours, jusqu'à ce que la police le récupère. J'imagine qu'après vérification, on l'a remis à son propriétaire puisqu'il était intact, exception faite de quelques litres d'essence en moins.

Il y a quelques mois à peine, j'ai rencontré une amie d'enfance qui m'a parlé d'un certain Arthur Robert, premier mari de sa belle-mère. Eh bien, c'était précisément le nom que j'avais pu lire sur les papiers d'immatriculation du camion lorsque j'avais fouiné dans la boîte à gants, tandis que j'essuyais mes empreintes. Je ne l'avais pas oublié. Inutile de dire que lorsque cette amie a mentionné ce nom, je n'en croyais pas mes oreilles. Je lui ai dit: «Tu diras à ce M. Robert que Mario Pelchat a déjà subtilisé son camion!» Voilà comment la vérité a éclaté au grand jour, quinze ans plus tard.

Bien sûr, je n'étais pas un ange à l'école non plus. Ce qui a conduit la direction à communiquer avec ma mère. J'étais un peu trop indiscipliné. En fait, mon cousin Luc et moi étions dans la même classe et n'arrêtions pas de faire la foire. Cela nous attirait continuellement des avertissements. Après avoir tenté de nous séparer, sans succès, le professeur, exacerbé, Hélène Meunier, nous a conduits droit au bureau du directeur, un certain après-midi. En attendant ce dernier, absent pour quelques minutes, j'ai posé mes pieds sur son bureau. Je jouais à «Gros Jean» alors qu'intérieurement je tremblais d'inquiétude. De toute évidence, je n'étais pas un vrai rebelle.

Avant que j'aie même eu le temps de rencontrer le directeur, mon professeur était de retour au bureau. Quand elle m'a aperçu, elle a aussitôt laissé éclater sa colère. Elle m'a accablé de réprimandes, puis a décroché le téléphone d'un geste franc, en disant: «Je vais appeler ta mère pour lui faire part de tes agissements, jeune homme!»

Après quelques mots de politesse, elle a annoncé à ma mère stupéfaite:

— Votre fils, Mme Pelchat, j'en ai 20 pieds par-dessus la tête...

À peine cette phrase complétée, elle raccrocha le combiné et elle se retourna vers moi et me dit:

— Remonte en classe!

Je me suis questionné sur la tournure des événements jusqu'à mon retour à la maison, quelques heures plus tard. Qu'est-ce que maman avait dit pour lui clouer ainsi le bec? Je l'ai demandé à maman en entrant à la maison et j'ai vite compris:

— Je sortais de ta chambre quand elle a appelé. C'était encore dans un fouillis total; tous tes vêtements traînaient encore par terre. J'ai répondu à ta directrice qu'elle était bien chanceuse d'en avoir seulement 20 pieds par-dessus la tête avec toi parce que moi, j'en ai 40 pieds par-dessus la tête!

Plus d'une fois, mes parents ont tenté de me faire comprendre qu'il fallait que je me prenne en main, mais je faisais la sourde oreille. Pour m'encourager, maman faisait reluire ma chambre de fond en comble. Elle venait ensuite me chercher en me disant:

— Tu vois, ce n'est pas compliqué, Mario, de remettre les choses à leur place...

Mais je ne voulais pas comprendre. Honnêtement, je dois avouer que je ne comprends toujours pas très bien cette simple phrase bien que je fasse plus d'efforts qu'auparavant pour mettre en pratique ces bons principes.

Mes frasques de jeunesse ont atteint leur point culminant à la suite d'un événement de grande ampleur. Mon copain Marco et moi désirions nous rendre au Club des Vans pour célébrer la Saint-Valentin. Comme nous étions encore sans voiture, mon ami a décidé qu'il allait en voler une. Quand il a avancé cette solution, mon cœur s'est mis une fois de plus à trembler. Cependant, pour ne pas avoir l'air d'un trouillard, j'ai suivi le mouvement.

Une fois le méfait commis, j'étais encore plus nerveux. Tout comme Marco d'ailleurs qui semblait ne pas très bien contrôler la situation. Comble de malheur, sur le chemin conduisant au club nous avons aperçu un barrage policier à l'horizon. Il y avait un accident de la route. Pris de panique, nous avons emprunté un sentier dans les bois pour éviter le barrage. Marco roulait très vite sur ce chemin de terre, et, après une dizaine de minutes de folies, nous nous sommes retrouvés dans le bas-côté, le clos, comme on dit par chez nous.

Nous étions en pleine forêt, loin de toute civilisation. Nous avons tout tenté pour dégager la voiture de la boue, mais ce fut impossible. Dans notre colère, nous avons vidé le coffre-arrière de son contenu pour balancer le tout à bout de bras dans les bois. Comme de vrais délinquants. Nous sommes finalement rentrés à Dolbeau à pied.

Je suis arrivé à la maison peu avant le lever du soleil et, pour ne pas réveiller maman, même si je savais qu'elle ne faisait que sommeiller jusqu'à ce que je rentre, je suis allé me coucher dans la remise au fond du jardin. Une partie de la cabane était aménagée en maisonnette pour amuser Karine. C'est là que maman devait me retrouver dans la matinée, avec un policier à ses côtés. Ce dernier m'a interrogé sur la voiture retrouvée dans les bois, mais, comme je ne voulais pas trahir Marco, j'ai clamé notre innocence. Après quelques minutes d'interrogatoire, assis dans la voiture de police, j'ai questionné:

— Pourquoi pensez-vous que j'aie pu faire ça? Pourquoi êtes-vous ici?

Et ils ont répondu:

— Parce que Marco P. nous a dit que c'est toi qui
as fait le coup...

J'ai alors tout avoué aux autorités, ce que j'aurais
dû faire dès le début, j'en conviens.

Ce qui m'a le plus surpris au cours de cette
journée, ce fut la réaction de mon père. Je le
connaissais comme quelqu'un de très autoritaire et
d'impulsif. Pour cette raison, je craignais que cette
histoire ne l'humilie et qu'il réagisse violemment à
mon endroit. Sur le coup, je me souviens d'avoir dit
à ma mère de ne pas lui en parler. Après que je suis
entré dans la maison, à la suite de l'interrogatoire
dans la voiture du policier, mon père est arrivé du
travail. La voiture, très bien identifiée, était encore
stationnée devant la maison.

Quand, par la fenêtre, je l'ai vu arriver, pris de
panique, je suis descendu me cacher au sous-sol.
Honteux du geste que j'avais fait, je voulais me
terrer. J'ai entendu papa entrer dans la maison et
échanger quelques paroles avec maman. Je me suis
rendu compte qu'il empruntait l'escalier menant au
sous-sol. Chacun de ses pas sur les marches me
faisait peur. Quand il est arrivé devant moi, il m'a
regardé, m'a pris dans ses bras et m'a demandé: «As-
tu besoin d'aide, Mario?»

Sa réaction m'a renversé complètement. Malgré
tout, j'ai répondu non à sa question: c'était tout ce
qu'il y avait de plus faux. Heureusement, il a su lire
entre les lignes. Ce dont j'avais le plus besoin, c'était
effectivement d'un peu d'attention et de beaucoup
d'amour. Je n'avais pas de raison de le craindre. Je
peux dire aujourd'hui qu'il a alors pris le bon chemin
pour m'atteindre. Une réaction violente de sa part
m'aurait, j'en suis sûr, poussé à le rejeter. Dès lors,
j'ai su que mon père m'aimait vraiment, qu'il avait
confiance en moi. Sans me parler, il m'a fait

comprendre que je n'étais plus un adolescent mais un jeune homme.

Cette histoire a connu son dénouement en cour, à mon plus grand désarroi. J'ai revêtu mes vêtements d'antan: je ressemblais à tout ce qu'il y avait de plus sage comme jeune homme. J'allais avoir 17 ans et quand je me suis retrouvé devant le juge, celui-ci m'a dit:

— Qu'est-ce que tu fais là, toi? Qu'est-ce que tu faisais avec ce gars-là? Tu sembles n'avoir rien en commun avec ton soi-disant copain. Tu n'as pas l'étoffe d'un voyou...

Finalement, mon compagnon a écopé d'une année de probation avec sursis, il n'en était pas à son premier délit du genre, alors que j'ai eu droit à la clémence de la Couronne moyennant une amende de 25 $. Cette fois, j'ai eu ma leçon.

D'ailleurs, de voir maman s'asseoir dans la salle d'audience, ça m'avait retourné le cœur. Penser que je l'avais amenée jusque-là, après tout ce qu'elle avait toujours fait pour moi, m'a fait me sentir terriblement coupable. En cour, je me souviens d'avoir soupiré quand le juge, qui, connaissant un peu mon implication dans le monde de la chanson, dit en guise de conclusion:

— Sachez, Mario Pelchat, que j'espère entendre encore parler de vous mais d'une autre façon!

À ce moment-là, maman avait esquissé un petit sourire rêveur. Sur ces quelques mots, ce chapitre peu éloquent de ma vie fut clos. En sortant du palais de justice, j'ai annoncé à maman: «Plus jamais tu ne remettras les pieds en cour à cause de moi. Plus jamais!»

Je ne savais pas encore qu'il ne fallait jamais dire jamais parce que, plus tard, maman allait devoir à nouveau s'asseoir en cour pour me supporter.

Toutefois, les circonstances seraient très différentes mais non moins éprouvantes.

À la suite de tous ces événements, j'ai dû rencontrer, à deux ou trois reprises, un travailleur social avec qui j'ai discuté longuement. Il s'est vite rendu compte que mes valeurs et mon éducation étaient solides, que cette période de perturbations n'était que passagère. J'ai réfléchi longuement aussi sur mes agissements. J'ai compris que je n'avais pas besoin de faire des gestes semblables pour être quelqu'un.

Être quelqu'un, c'est tout le contraire de ce que je faisais à l'époque. C'est se respecter et savoir respecter les autres et leurs biens. Après l'humiliation de ma comparution en justice, j'ai repris le droit chemin, j'ai opté pour la droiture avant tout et j'ai construit ma vie sur les valeurs que j'avais reçues de mes parents.

Durant ma rébellion, j'ai travaillé un peu avec papa sur des chantiers de construction. J'ai continué aussi à chanter ici et là, mais tout ça avait une importance très secondaire dans mon esprit. Aussitôt que je rentrais d'un spectacle, je remettais ma «froc». Le plaisir et le gang passaient avant tout.

Ce n'est que lorsque je suis passé en cour que tout a changé. J'ai recommencé à chanter d'une façon plus professionnelle quand Jean-Guy Gauthier m'a offert de travailler avec lui. Il était musicien de piano-bar depuis plusieurs années. D'habitude, sa femme, Marlène, chantait toujours avec lui. Mais puisqu'elle allait accoucher bientôt, Jean-Guy m'a demandé de la remplacer. Ensemble, nous avons formé un nouveau duo qui devait rapidement connaître le succès.

Le premier engagement que nous avons eu, ce fut au Polynésien, le restaurant de mon oncle. C'était aussi le fameux restaurant derrière lequel j'avais, l'année précédente, abandonné le camion volé. C'était un endroit fort bien tenu et magnifiquement décoré. Il avait des allures exotiques et une jolie fontaine ornait le centre du restaurant. C'était toujours bondé de clients. Nous y avons travaillé durant plusieurs semaines, puis nous avons pris la route. Finalement, après deux mois de complicité, Jean-Guy m'a proposé de travailler avec lui toute l'année. Son épouse désirait demeurer auprès de leur petite fille. Pour ce faire, je devais toutefois quitter l'école. Bien sûr, mes parents s'y objectaient. Mais, en raison de la folle année que je venais de traverser, je devais redoubler plusieurs cours et je n'y tenais pas particulièrement. Après mûres réflexions, j'ai annoncé à mes parents que je quittais l'école: «Je vais devenir chanteur!» Ils souhaitèrent que ma décision fût la bonne.

Aussitôt, Jean-Guy et moi avons commencé à travailler. Nous chantions jusqu'à six soirs par semaine. Nous effectuions un circuit qui passait par des villes où nous étions bien connus: Albanel, Dolbeau, La Doré, Alma, Saint-Félicien... De ce circuit, je garde d'ailleurs de touchants souvenirs.

À la mort de Johanne, maman a fait parvenir une photo *In memoriam* à l'équipe du *Music-hall des jeunes*. Sur réception, les producteurs ont communiqué avec maman pour lui exprimer toute leur tristesse, soulignant qu'ils n'avaient pas oublié quelle dynamique jeune fille elle était malgré sa maladie. Le dimanche suivant cet appel, André Richard a rendu hommage à Johanne en ondes, en ces termes:

« Je ne sais pas si vous vous souvenez de Johanne et Mario Pelchat, que nous avions reçus ici il y a trois ans, nous avons appris...»

Un extrait de notre passage à l'émission fut diffusé, puis le public a observé une minute de silence pendant que la photo de Johanne apparaissait en ondes. Nous avons tous été très touchés et bouleversés. Je me souviens que j'étais à Roberval lorsque j'ai vu cet hommage. Quelques heures plus tard, je suis monté sur une petite scène dans cette ville où, ce soir-là, encore une fois, j'ai chanté pour elle.

Avec Jean-Guy, j'ai récolté ce que je peux considérer comme mes premiers véritables cachets. Je faisais 400 $ par semaine. Quand nous travaillions à l'extérieur de Dolbeau, nous étions logés et nourris. Un nouveau projet prit naissance dans ma tête: économiser tous mes cachets d'une année pour m'acheter une fourgonnette. Cette fourgonnette, j'en rêvais jour et nuit. Sur la recommandation de papa, j'ai pris alors un engagement écrit: «Moi, Mario Pelchat, j'atteste que d'ici un an, j'aurai amassé 16 000 $ pour m'acheter une van... » J'ai signé la déclaration, et papa l'a déposée dans un coffre.

Cette année-là, j'ai chanté du Top 40. Nous avions inscrit des cha-cha-cha, rumbas et compagnies à notre répertoire, et nous chantions un peu partout. Notre poster était bien en vue à LaSarre, en Abitibi, à Sept-Îles sur la Côte-Nord, en passant par Chibougamau. Nous formions une bonne équipe, et je jouissais pleinement de ces bons moments passés ensemble. J'aimais m'éloigner un peu de la maison, tout comme j'appréciais les retrouvailles après quelques semaines d'absence. Toutefois, j'ai appris aussi à dépenser. Sur la route, je mangeais souvent dans les plus beaux restaurants. J'ai découvert le plaisir de m'acheter de beaux vêtements et j'ai ressenti vite beaucoup de joie à offrir des cadeaux aux gens que j'aimais. Je me souviens des sourires d'Éric et de Steve quand je leur ai acheté à chacun un costume et des bottines, du plaisir que prenait Karine à exhiber sa nouvelle robe, offerte par Mario. Je me suis gâté aussi en m'offrant une superbe chaîne stéréo et même une collection des volumes de Tintin.

Ainsi, quand est venu le moment d'ouvrir le coffre pour récupérer ma déclaration, je n'avais pas un sou en banque. Je n'ai jamais eu de camionnette mais qu'importe... j'étais heureux.

J'ai connu mes premières amours alors que je commençais à chanter de façon professionnelle. Bien des événements de ma vie sont reliés au Polynésien. Ce fut là également que j'ai rencontré Gervaise Tremblay pour la première fois.

Un soir, Colombe, une amie de Dolbeau, est arrivée au piano-bar avec sa sœur. Je chantais quand elles sont entrées. Aussitôt, mes yeux se sont tournés vers une fille inconnue de moi, mais qui accompagnait Colombe. Elle était grande, avait de longs cheveux noirs et était tout de blanc vêtue; elle était belle. Après mon premier tour de chant, je suis allé m'asseoir avec Colombe, qui n'a pas perdu un instant pour me présenter sa sœur Gervaise.

Dès que je descendais de la scène, j'allais la retrouver, et, ainsi, nous avons discuté toute la soirée. Une fois mon engagement terminé, nous sommes allés au restaurant adjacent à la salle de spectacle. En jasant, elle m'a appris que son frère allait être papa dans les heures à venir. À la fermeture du restaurant, vers 4 ou 5 heures du matin, je lui ai proposé d'aller à l'hôpital voir si elle était maintenant «matante».

En marchant à ses côtés dans les rues de Dolbeau, je me sentais léger comme l'air. Quand nous sommes arrivés à l'hôpital, sa belle-sœur était en salle de travail. Nous avons donc attendu la naissance de l'enfant, en dormant l'un contre l'autre dans une petite salle à l'étage. Le petit vint au monde en matinée, et nous avons partagé ce moment de bonheur.

Même si notre relation fut marquée de plusieurs ruptures, Gervaise a fait partie de ma vie durant environ trois ans. C'était une fille spéciale, différente. Libertine même. Elle aimait le plaisir, détestait se casser la tête. Au début de nos fréquentations, nous nous voyions souvent. Je la retrouvais chaque fois que je chantais dans les environs de Dolbeau, et, quelquefois, elle m'accompagnait en dehors.

Quand je rendais visite à sa famille, j'appréciais l'ambiance détendue qui y régnait et qui n'existait pas chez moi. Je couchais dans sa chambre et, tôt le matin, son père me réveillait parfois pour que nous allions faire les foins ensemble. La famille de Gervaise possédait une ferme laitière à Sainte-Jeanne-D'Arc, un village situé à une demi-heure de Dolbeau. Lorsque cela était possible, les parents de Gervaise aimaient venir m'entendre chanter, et moi, j'aimais participer, à quelques occasions, aux travaux de la ferme. Ces activités de ferme me plaisaient. Mon père m'avait longuement raconté les tâches qu'il effectuait sur la terre de grand-papa Pelchat, mais je n'avais jamais vécu dans une ferme. Cette vie exigeante me plaisait.

Bien sûr, ce n'est pas chez moi que Gervaise aurait couché dans le même lit que moi. D'ailleurs, une nuit où elle était demeurée à Dolbeau, elle quitta la chambre d'amis pour venir me rejoindre. Je fus très inquiet, mais elle me rassura en me disant qu'elle retournerait dans son lit très vite. Pourtant, ce qui devait arriver arriva! Au petit matin, papa nous trouva endormis tous deux dans le même lit. Il n'était pas très content...

Chez Gervaise, comme elle était la cadette, il faut croire que ses frères et sœurs avaient ouvert le chemin. Pourtant, depuis, mes frères ont emmené leur petite amie coucher à la maison, et personne n'a sursauté. «Autre temps, autres mœurs», dit-on. Mais il faut quand même avouer que les traditions se sont vites envolées. Trop vite peut-être.

C'est au cours des premiers mois de nos fréquentations que j'ai participé au concours organisé par Jean Beaulne à la Place des Arts, à Montréal. En fait, c'est maman qui m'y a inscrit, sans même m'en parler. Toutes les régions de la province étaient représentées à ce concours. Les participants étaient sélectionnés pendant les préliminaires tenus précédemment. C'est au moment où cette sélection se déroulait au Lac-Saint-Jean que maman m'a annoncé que j'y étais inscrit. Je m'étais montré un peu surpris quand maman m'a fait part de la nouvelle. Toutefois, j'étais également très fébrile à l'idée de chanter dans le cadre de ce prestigieux concours. Au cours des éliminatoires, j'ai pensé à ce que Johanne et moi avions accompli au concours de M. Duchesne, quelques années auparavant. Dès lors, je fus habité d'une véritable confiance. En interprétant la chanson *Le Blues du businessman,* de Claude Dubois, j'ai fait le bonheur de maman et aussi le mien. J'ai remporté cette étape qui conduisait vers la finale.

Quelques mois plus tard, c'était l'étape ultime. Chanter sur une scène de la Place des Arts, celle du théâtre Maisonneuve, n'était pas une mince affaire. En coulisses, j'essayais d'oublier l'ampleur de cette salle de 1 500 places. Nous étions une vingtaine de finalistes dont, entre autres, André Philippe Gagnon dans la catégorie humour. Quand Jean Beaulne m'a présenté, je me suis avancé au centre devant l'intimidante foule, j'ai salué et j'ai interprété, de nouveau,

Le Blues du businessman, en quelque sorte ma chanson fétiche à l'époque. J'ai enchaîné avec *Viva Espana*. Cette entraînante chanson espagnole était plutôt éloignée de mon répertoire habituel. Mais l'une des conditions du concours stipulait qu'on devait montrer une autre facette de son savoir-faire, et comme j'avais déjà un faible pour l'Espagne...

Lorsque je suis rentré à la maison, j'étais au comble du bonheur. J'avais le premier prix entre les mains. À nouveau, Mario Pelchat a fait parler de lui dans les journaux de la région. Cette fois, je n'étais plus un enfant; cela n'avait donc plus la même signification pour moi. Cette victoire représentait beaucoup. Mon rêve se changeait lentement en réalité.

Songeur, j'ai repris mes tours de chant avec Jean-Guy, mais, et ce qui fut probablement un mal pour un bien, notre association a pris fin abruptement peu de temps après en raison d'une mésentente. Ce jour-là, aux petites heures du matin, maman est venue me retrouver à Saint-Félicien, où je chantais. J'ai chargé mes enceintes acoustiques dans sa voiture et suis rentré à la maison, penaud. Malgré tout, Jean-Guy et moi sommes demeurés de bons copains.

Après avoir goûté à la scène avec Jean-Guy, après avoir remporté le concours à Montréal, je n'avais plus la même vision des choses. L'expérience vécue à ce concours m'a donné véritablement le goût d'aller de l'avant, de persévérer. Même si l'idée me trottait dans la tête depuis nombre d'années, je croyais plus que jamais être prêt à faire le grand saut dans la chanson. Je sentais également que mes parents et la famille croyaient en moi. Je me sentais prêt à tous les sacrifices pour voir mes ambitions se réaliser. Ce désir, ajouté à la fougue de mes 17 ans, me faisait croire qu'il n'y avait pas de montagnes assez hautes, pas de rivières trop profondes pour m'empêcher de réussir.

Assis sous les étoiles, dans la cour derrière la maison, je regardais vers le ciel avec la conviction qu'il me fallait passer à l'action et croire à tout prix.

Chapitre 5

LA GRANDE AVENTURE

En 1981, j'ai fait le grand saut. J'ai pris la décision de vivre à Montréal. C'était une ville que je connaissais peu, mais je me devais d'y vivre si je voulais percer dans la chanson.

Pour maman, mon départ a été très difficile à accepter. Deux ans plus tôt, la mort lui avait ravi sa fille aînée, et maintenant je quittais le nid familial à mon tour. J'étais, bien sûr, conscient de la peine de ma mère, mais je désirais aussi voler de mes propres ailes. «Et c'est pour chanter, maman. Je veux chanter toute ma vie...» lui ai-je répété pour la convaincre.

Je suis débarqué à Montréal seul, pour la première fois, en juin 1981. Histoire de tâter le terrain, j'y venais pour quelques semaines seulement. J'ai logé chez des membres de la famille qui habitaient Terrebonne. En premier lieu, je suis allé rencontrer Claude Mars, un «recruteur d'artistes» qui m'avait donné sa carte professionnelle après ma victoire au concours de Jean Beaulne. Comme je ne connaissais rien au milieu artistique, je croyais que tous les artistes qui chantaient au Castel à Dolbeau étaient des stars à Montréal. Je faisais fausse route, bien sûr. En écoutant Claude Mars, je l'ai vite réalisé. Au cours de notre conversation, il m'a demandé:

— As-tu un poster?

Je lui ai fait répéter à plusieurs reprises parce que je ne comprenais pas. Chez nous, on ne dit pas poster avec un accent anglais, on dit plutôt quelque chose qui ressemble plus à «Posteuuurrre». Ayant enfin saisi ce qu'il me demandait, je lui ai répondu par la négative avant d'enchaîner:

— Mais j'ai une photo, et elle a été prise au studio Marie-Paule, à Dolbeau...

Aujourd'hui, je ne peux m'empêcher de rire en pensant à cette photo sur laquelle je portais un costume noir, une chemise blanche à froufrou et un nœud papillon. J'étais photographié sur un fond noir, avec un halo de couleur derrière la tête. C'était d'un grand chic! Tellement qu'en voyant le cliché, Claude Mars n'a pu que rétorquer en me relançant aussitôt la photo:

— Mais qu'est-ce que je vais faire avec ça?

— Je n'ai pas 500 $ à mettre sur toi pour faire un poster!

Pourtant, son désir de me faire travailler et d'empocher son pourcentage devait être plus fort que ses réticences initiales. Il a finalement accepté ma photo et en a tiré une affiche tant bien que mal.

Le jeudi suivant, l'affiche ornait la porte du Manoir Mont-Royal. C'est là que j'ai rempli mon premier engagement à Montréal. C'était sur l'avenue Mont-Royal, dans l'est de la ville. Le premier soir, mon oncle de Terrebonne m'a accompagné à la station de métro Henri-Bourassa. Quand je suis arrivé au Manoir, vers 18 heures, on m'a présenté le groupe de musiciens. Il s'appelait Érexion. Prometteur, n'est-ce pas? J'ai répété quelques chansons avec eux et suis monté sur scène au milieu de la soirée.

Durant la répétition, mes appréhensions se sont envolées. J'ai pu me rendre compte que le groupe était solide. De plus, les gars et moi avions eu le temps de fraterniser, et chacun d'entre eux me semblait bien sympathique. Je me sentais donc en confiance. Les gars ont sympathisé avec moi et me trouvaient courageux d'arriver ainsi en ville pour «percer dans le milieu».

Mon spectacle durait une quarantaine de minutes, et je gagnais 350 $ pour quatre soirs. À mon répertoire, j'avais conservé *Le Blues du businessman* et, chaque soir, cette chanson suscitait de belles réactions du public, tout comme *Le monde est fou, le monde est beau* et un autre titre de Julio Iglesias.

Le Manoir Mont-Royal avait une clientèle fidèle. Elle découvrait le spectacle le jeudi et revenait les jours suivants. Après mon premier week-end, la direction m'a réengagé pour le week-end suivant; j'avais fait salle comble.

Même si j'aimais me retrouver sur scène, je me souviens combien je me sentais perdu en regardant autour de moi, à mille lieues de mon monde habituel. Il y avait des gens bizarres, par exemple, le gars qui tenait le bar se maquillait. Il avait une cinquantaine d'années et il portait du bleu sur les yeux, du fard à joues, de faux cils et de faux ongles. Je me disais: «Mais c'est un capoté, et il est barman ici...» On ne voyait pas des choses comme ça à Dolbeau. Tout ça me faisait peur. Dans la rue, je frémissais à l'idée de me faire voler, agresser. Même la hauteur des édifices m'intimidait.

Après mon engagement au Manoir Mont-Royal, je suis revenu à Dolbeau. Dans le train Montréal-Chambord, une petite ville à une heure de Dolbeau, où maman m'attendait, j'étais préoccupé par mille et une choses. Je savais pertinemment que ma vie allait beaucoup changer au cours des mois à venir. Je sentais le virage qui s'amorçait même si lever l'ancre de la maison familiale, de la sécurité qu'elle me procurait, n'était pas chose facile. De plus, je pensais sérieusement à demander à mon oncle Yvon, propriétaire du Polynésien, de devenir mon imprésario. Comment allait-il réagir? Allait-il se moquer de moi? Pire encore, je n'arrêtais pas de penser à ce qu'un journaliste m'avait dit peu après ma victoire au concours de Jean Beaulne. Je l'avais rencontré dans les coulisses de la Place des Arts, c'était le journaliste artistique Roger Sylvain. Il m'avait laissé sa carte et il m'avait dit: «Tu chantes bien, petit gars, mais il faudrait que tu maigrisses...»

Quand on connaît Roger, un gars foncièrement bon, on ne se surprend plus de ce genre de commentaires de sa part, mais, à l'époque, ses paroles m'avaient ébranlé. J'en étais bien conscient — quand j'ai gagné à la Place des Arts, je pesais 215 livres (98 kg), et il n'y avait pas de muscles-là, c'était de la belle chair de bébé! — mais j'évitais le sujet. Roger m'a mis devant l'évidence.

En approchant de la gare de Chambord, j'ai mis toutes ces préoccupations de côté en pensant que mon retour coïncidait avec la tenue du populaire Festival western de Dolbeau. J'y voyais donc là une occasion de faire la foire une dernière fois avec les copains. Je me voyais déjà à Montréal pour quelques années. Et je fis la foire. Comme un jeune homme civilisé, cette fois.

Peu de temps après, à l'occasion d'un engagement au Polynésien, j'ai demandé à mon oncle de devenir mon imprésario. Il m'a demandé de lui écrire une lettre lui expliquant pourquoi je désirais qu'il tienne ce rôle auprès de moi. Comme mon oncle Yvon réussissait très bien en affaires,— il gérait le Polynésien et des commerces adjacents avec un franc succès — il me semblait apte à gérer une carrière d'artiste. Il était aussi gérant d'une arcade du Haut du Lac-Saint-Jean, ce qui l'obligeait à se rendre à Montréal régulièrement. Il connaissait donc très bien la grande ville. Enfin, le milieu artistique le fascinait depuis toujours et il avait un intérêt marqué pour la musique populaire.

Après lui avoir écrit tout cela dans la lettre qu'il me demandait, nous avions discuté, et il a accepté de m'aider. À la toute fin de la fameuse lettre, j'avais même écrit: «Comme vous êtes un fan d'Elvis — mon oncle avait déjà vu le King sur scène et il l'admirait beaucoup —, j'aimerais que vous soyez mon Colonel Parker.» Cela l'avait fait sourire.

À la fin de l'été, mon oncle et moi étions venus à Montréal une première fois. Yvon avait déjà pris un rendez-vous avec Claude Synotte, de Laniel Canada, entreprise œuvrant dans les jeux électroniques et dans la distribution de disques pour juke-box. Ce monsieur nous a parlé avec empressement de ses relations dans le milieu artistique, et surtout de son amitié avec Guy Cloutier. En quittant son bureau, nous étions emballés. Il nous avait promis une rencontre avec l'imprésario de René Simard.

— Rendez-vous à ses bureaux lundi matin, il vous attendra, nous avait-il dit avant de nous quitter.

Durant la fin de semaine, nous avions descendu le fleuve jusqu'à Québec et, sur les recommandations de Claude Synotte, nous avions enregistré un démo. Dans un petit appartement de la Grande-Allée, l'auteur Martin Pelletier, avec qui j'avais déjà pris contact auparavant, nous a fait entendre des dizaines de chansons. Quand l'une d'elles nous plaisait, Yvon et moi la mettions de côté. Après quelques heures d'écoute, fatigué, j'étais allé m'asseoir dans la pièce voisine. Sur la table à café, j'ai remarqué un texte sur papier. Je l'ai pris et j'ai commencé à le lire. C'était le texte d'une chanson qui s'intitulait *Je suis un chanteur*, et qui allait comme suit:

Attention j'arrive
J'étais en éclipse
Ouvrez les projecteurs
Je suis un chanteur...

Je suis allé montrer la chanson à mon oncle pour qu'il la lise. Aussitôt, Martin Pelletier m'a dit:

— C'est la dernière pièce que j'ai écrite. Je dois l'enregistrer bientôt. Nous avons déjà commencé la production en studio.

Après avoir pris connaissance du texte, Yvon a pensé la même chose que moi. Il était enthousiasmé:

— Il te faut cette chanson, Mario!

Puis, se tournant vers Martin, il lui demanda:

— Combien veux-tu pour ton texte?

Notre manque d'expérience était alors flagrant, puisque qu'on sait aujourd'hui qu'une chanson, ça ne se vend pas.

En peu de temps, Yvon a tout de même fait preuve d'un esprit de diplomatie qui m'a rendu fier: il a réussi à convaincre Martin d'inscrire ma voix sur les bandes musicales déjà enregistrées. Nous avons fait cela le jour suivant au Studio PSM, toujours dans la Vieille Capitale. Pour la première fois, je rentrais donc dans un studio d'enregistrement. J'y entrais peut-être en catastrophe, mais cela ne m'empêchais pas d'être très impressionné par tous les appareils techniques et par le fait de pouvoir multiplier ma voix jusqu'à 12 ou 24 fois pour faire des harmonies.

Pendant que nous étions là, à la demande d'Yvon, j'ai enregistré sur cette bande la chanson *My Way* (Comme d'habitude), de Frank Sinatra. Et voilà, nous avions notre démo. En quittant le studio, je me suis fait la promesse de revivre à nouveau cette ambiance particulière très bientôt.

Lundi matin, à la première heure, nous étions assis dans la salle d'attente au bureau de Guy Cloutier. Nous attendions la rencontre promise par Claude Synotte. Midi arriva et nous n'avions toujours pas rencontré l'imprésario. L'après-midi se passa de la même façon.

Nous sommes revenus le mardi matin et toujours pas de super-producteur. Entre deux rendez-vous, que mon oncle avait pris à Montréal au cours de la semaine, nous étions allés attendre Guy Cloutier plusieurs fois par jour. Pendant que nous attendions dans l'entrée, je pouvais entendre les sœurs Bachand, les complices de Guy, chuchoter:

— Mais qu'est-ce qu'ils font là ces deux-là? Ils sont assis là jour après jour...

Lorsque la porte du bureau de la secrétaire de Guy s'ouvrait, nous espérions toujours que c'était pour nous. Mais nos espoirs s'évanouissaient rapidement. Je me souviens que, par l'entrebâillement de la fameuse porte, j'apercevais, suspendus au mur, tous les disques d'or de René Simard. Cela m'impressionnait au plus haut point. Finalement, après une semaine d'attente, le vendredi après-midi, qui s'est pointé comme une véritable apparition? Guy Cloutier, bien sûr! À ce moment-là, mon oncle s'est tourné aussitôt vers moi et il m'a dit:

— Tu vois, Mario, je te l'avais dit qu'il serait là!

Guy portait un long paletot, des lunettes fumées de marque Porshe et une montre Péquinet. Il a passé devant nous sans un mot et a pénétré dans son bureau. Claudine Bachand l'a suivi et, peu de temps après, elle est ressortie alors que Guy lui disait:

— Fais-les entrer!

Je ne pouvais le croire, après tous ces jours d'attente. Claudine, que je connais très bien aujourd'hui, a certainement dû dire à Guy:

— Fais quelque chose, ils vont être encore là dans un mois!

Je la comprends, nous étions de véritables taches sur les fauteuils de la salle d'attente. Mais qu'importe, nous allions enfin rencontrer Guy Cloutier. Il s'est montré patient et courtois envers nous. Après nous être présentés, nous lui avons fait entendre *Je suis un chanteur*. Durant l'audition, je fus totalement absorbé par mes pensées: Dire que je suis dans le bureau du gérant N°1 de la province...

Puis, lorsque l'enregistrement a pris fin, je me suis demandé si j'étais encore dans mes pensées quand Guy nous annonça:

— C'est un hit, cette chanson-là, les gars. Revenez me voir lundi matin, et nous signerons un contrat!

Les semaines se suivent et ne se ressemblent pas, n'est-ce pas?

Le lundi suivant, nous étions vraiment attendus. Guy nous a fait bel et bien fait signer un contrat. Dans les semaines qui ont suivi, je suis entré en studio pour enregistrer mon premier 45 tours.

Quand j'ai eu ce premier disque entre les mains, je n'en croyais pas mes yeux. J'étais si heureux que je l'ai encadré. J'ai acheté un tissu de velours bleu pâle et un cadre à Dolbeau. J'ai collé le 45 tours sur le tissu, je l'ai recouvert d'une vitre et j'ai placé le tout dans le cadre. J'ai même fait graver une petite plaque que j'ai apposée au bas du cadre et sur laquelle j'avais fait inscrire: «Je suis un chanteur - Mon premier disque.» J'étais si fier.

Nous étions en septembre et je pouvais maintenant quitter Dolbeau la tête tranquille. Du travail m'attendait dans la Métropole. Mais où demeurer? Mon oncle Yvon connaissait une fille originaire de Dolbeau qui vivait Montréal. Comme elle allait bientôt se marier avec un garçon de la région, elle allait retourner vivre au Lac-Saint-Jean. Elle se devait donc de sous-louer son appartement en ville. C'est ainsi que j'ai pris possession du logis et, puisque cette jeune femme ne désirait pas emmener ses meubles, j'ai aussi acheté tout ce qu'il y avait dans l'appartement pour 1 000 $. En deux temps, trois mouvements, j'eus tout ce qu'il me fallait: des ustensiles, de la literie en passant par le mobilier de cuisine et même un téléviseur!

D'ailleurs, je possède encore certains articles de ce premier ménage. Le 5810, rue Bélanger, appartement 232, devint ma première adresse à Montréal. J'étais bien installé dans mon nouvel appartement, mais comme il n'y avait qu'une chambre et qu'il arrivait souvent que mon oncle couche à Montréal, j'ai déménagé peu de temps après dans un 4 1/2, toujours dans le même édifice.

Le premier soir passé seul dans la grande ville, j'ai pleuré toutes les larmes de mon corps. Je me disais:

— Qu'est-ce que je fais ici? Qu'est-ce que cela va me donner? Ça n'a pas de bons sens...

Je me souviens que mon lit craquait... et j'étais découragé par cette solitude accablante, malgré les projets qui se dessinaient à l'horizon.

À la même époque, le coureur automobile Gilles Villeneuve perdait la vie de façon tragique. Sans trop savoir pourquoi, cette mort m'a beaucoup touché. Quand j'ai appris que le corps allait être exposé à Berthierville, j'ai emprunté la voiture d'une de mes tantes de Terrebonne et je me suis rendu à Berthier. Il y avait 6 000 personnes qui attendaient pour rendre hommage à la dépouille du coureur. Quand j'ai aperçu une entrée privée pour les VIP, je suis retourné à la voiture, j'ai pris l'appareil photo, qui était sur la banquette arrière, je l'ai accroché à mon cou et je me suis présenté à cette entrée en disant au gardien:

— Je suis de la presse. Je vais rejoindre Guy Cloutier, il m'attend à l'intérieur...

C'était totalement faux, mais j'ai dû être drôlement convaincant puisqu'on m'a laissé passer. Un peu plus loin, j'ai raconté la même histoire à un autre garde de sécurité et j'ai enfin pu voir Gilles Villeneuve. Plus de mille gerbes de fleurs entouraient son cercueil; c'était très émouvant. J'ai ressenti beaucoup de peine. J'imaginais ce que les rêves de ce grand Québécois avaient pu représenter pour lui. De voir comment tout cela se terminait me faisait mal.

Comme mon rêve de chanter occupait continuellement mes pensées à cette époque, j'ai réfléchi sur les valeurs et les ambitions qui m'habitaient. À la suite de ce drame, j'ai compris combien les ambitions peuvent devenir maladives et peuvent se révéler futiles si de vraies valeurs ne demeurent pas ancrées en nous.

Au cours des premiers mois vécu à Montréal, j'ai fréquenté beaucoup ma parenté dans la région, notamment ma tante Jacinthe, à Terrebonne, et mon oncle André, à Laval. Heureusement d'ailleurs qu'ils étaient près de moi parce que, par moments, la vie était difficile.

Mes parents me rendaient visite régulièrement. Ils m'apportaient toujours de petits cadeaux. Ils savaient très bien que l'ennui et le dépaysement me pesaient. Je passais souvent du découragement à l'enthousiasme le plus complet. Malgré tout, je ne me laissais pas complètement abattre: mon objectif premier demeurait la réalisation de mon rêve. En raison de la place que cette ambition occupait dans ma tête, l'amour n'était pas alors une priorité dans ma vie. En fait, je fuyais les engagements émotifs. J'ai agi de la sorte durant plusieurs années. J'étais plutôt volage. L'amour n'était pas ce qu'il y avait de plus sérieux dans ma vie.

Le contrat signé avec Guy Cloutier devait durer quatre ans, avec une année d'option. Tout au long de cette période, mon oncle Yvon demeurait mon agent et Guy, mon producteur. À mon premier passage à la télévision montréalaise, ma mère vint me rejoindre. J'étais l'invité de Michel Jasmin à Télé-Métropole, l'émission était N°1 à l'époque. Je m'en souviens comme si c'était hier, c'était le 25 novembre 1981. La comédienne Andrée Boucher était aussi une des invités. Ce soir-là, elle fit connaître aux téléspectateurs une recette de tire Sainte-Catherine, et moi, j'ai chanté *Je suis un chanteur* devant les caméras pour la première fois.

Le lendemain de cette prestation, on me reconnaissait dans les rues de Montréal, pour la première fois. J'ai poursuivi ma campagne de promotion en participant à d'autres émissions de télévision ainsi qu'à plusieurs émissions de radio.

En plusieurs occasions, on m'arrêtait dans la rue et, chaque fois, j'étais agréablement surpris par cette nouvelle attention. Les premières fois où des gens m'ont demandé un autographe, je ne savais trop comment réagir. Il m'arrivait même de croire qu'on se moquait de moi tellement tout cela me semblait insensé. Mais, chaque fois, je signais gentiment mon nom sur les bouts de papier qu'on me tendait tout en me demandant: «Mais qu'est-ce qu'ils peuvent bien faire avec ça?» Puis, j'ai commencé à recevoir du courrier d'admiratrices ainsi que des coups de téléphone à la maison. Quand j'en ai fait part à Guy, il s'est montré surpris:

— Comment font-ils pour avoir ton adresse et, encore mieux, ton numéro de téléphone? s'étonnait-il.

— Ils l'ont pris dans l'annuaire, lui ai-je répondu. En arrivant à Montréal, j'avais tout bonnement fait inscrire mon nom dans l'annuaire. Pas une fois, l'idée ne m'était venue que je me devais d'être discret sur mon lieu de résidence parce qu'on allait sûrement me voir à la télévision ou m'entendre à la radio.

Depuis ce jour, mon adresse et mon numéro de téléphone sont confidentiels, mais je sais aussi qu'on ne peut toujours tout garder secret. Ça m'est égal. Je crois qu'il ne faut pas trop se prendre au sérieux non plus et créer sa propre prison.

Mon oncle et moi nous discutions beaucoup. Chacun avait ses idées sur l'orientation à faire prendre à ma carrière. Nous tentions d'avancer du mieux possible, faute d'expérience. Nous étions remplis de bonne volonté, et Guy se faisait un plaisir de nous encourager. Il nous donnait de judicieux conseils et nous présentait à quelques personnes influentes. Nous tentions d'évoluer de notre mieux dans ce monde inconnu, mais nous n'obtenions pas toujours le succès escompté.

Par exemple, je me rappellerai toujours ce jour où, pour imiter Guy qui parlait aux cameramen sur les plateaux quand René et Nathalie y étaient, Yvon s'avança près d'un cameraman de *L'Artishow*, à Télé-Métropole, émission animée par Pierre Lalonde et Daniel Hétu. Il lui a dit comme ça:

— Mario, c'est mon artiste. On débute. Tu serais fin si tu lui faisais un beau *close-off*...

Il avait confondu *close-up* et *close-off*. Mais Yvon était plein de bonnes intentions, et c'était le plus important. Nous allions apprendre sur le tas.

Mon oncle demeurait tout de même un homme coloré. Il était à l'époque très bien portant. Je dis à l'époque parce que, depuis, il a énormément maigri. Il n'était pas très grand, mais pesait près de 300 livres (136 kg) et, d'aussi loin que je me souvienne, il avait toujours eu la même allure: même mèche de cheveux sur le côté, même style vestimentaire et mêmes bonnes chaussures solides et plates.

Mais voilà qu'après quelques semaines à frayer avec certains individus du spectacle, Yvon se dit qu'il fallait qu'il actualise son look. Pour ce faire, il est allé chez Bovet et il s'est rendu aussi chez le coiffeur des sportifs, Menick.

Quand je l'ai aperçu le lendemain de sa transformation, l'étonnement fut complet. Ses cheveux étaient maintenant séparés dans le milieu, il portait de petits bottillons et arborait un costume à la fine pointe de la mode. Je dois avouer que ça lui allait bien, et je n'allais pas m'en plaindre. De plus, il prenait son nouveau rôle à cœur, comme je l'espérais.

Je n'oublierai pas non plus la première fois où nous sommes rentrés à Dolbeau, après cette transformation. Mon premier 45 tours était sur le marché et il passait régulièrement sur les ondes radio. Dans la région du Lac-Saint-Jean, ma famille m'avait dit qu'on pouvait même l'entendre plusieurs fois par jour. Nous revenions donc dans notre patelin auréolés d'un succès tout neuf. Pour souligner l'événement, Yvon emprunta la Continental Lincoln d'un ami pour le voyage.

— Ça fait partie de la «game», Mario. Il faut impressionner! Ton 45 tours passe; il ne faut pas arriver comme des «tout-nus», disait-il.

Nous avons pris la route de Dolbeau dans cette grosse bagnole et nous avons joué le jeu jusqu'au bout. À quelques milles de la ville, Yvon m'a dit de passer sur la banquette arrière et, quand nous sommes entrés dans la ville, il a joué les colonels Parker. Arborant des verres fumés, un cigare à la bouche, le torse bombé, il était au volant, et moi, assis à l'arrière, j'avais aux lèvres le sourire d'une star. On était les plus heureux du monde. C'est pas compliqué: on planait!

Je me souviendrai toujours du visage de ma tante Pierrette, quand elle aperçut son mari — nouvelle version — pour la première fois. Sur la route, j'avais dit à Yvon:

— Vous allez voir, ma tante va aimer ça, j'en suis sûr. Vous êtes super! Et j'étais sincère.

Quand elle l'a vu, elle s'est écriée toutefois:

— Ça y est, Montréal lui est monté à la tête!

Sans qu'on en parle, le lendemain matin, Yvon était revenu comme auparavant.

Durant ce séjour au Lac-Saint-Jean, tous les matins, je courais afin de maintenir mon poids. Mon oncle m'accompagnait... en camion, s'il vous plaît. Il roulait à côté de moi et me faisait la conversation.

Nous nous couchions aux petites heures du matin, tellement nous en avions long à raconter.

— La télévision? C'est énervant au début, mais là c'est correct...

— Guy Cloutier! Il est super...

— René et Nathalie aussi. On se voit souvent...

Tous avaient les yeux grands comme des soucoupes en réalisant que nous nous frottions à ces grandes vedettes. Pourtant, la première fois que j'ai rencontré René, j'étais loin d'avoir l'assurance que j'arborais ce jour-là devant les miens. Je m'en souviens. C'était un après-midi, j'étais debout dans le bureau de Guy et nous parlions du métier. Tout à coup, un coup à la porte, et René est entré. Guy m'a présenté, tout bonnement:

— Mario, je te présente René Simard.

Il y avait un piano dans le bureau de Guy, j'ai tiré le banc et je m'y suis assis parce que mes jambes tremblaient. René Simard, dans la même pièce que moi: je le croyais à peine.

Je lui ai raconté l'avoir déjà croisé lorsqu'il était plus jeune à l'Île d'Orléans. J'ai fait de cette aventure une histoire courte parce que je ne réussissais pas à m'exprimer comme je l'aurais voulu. En vérité, même si Guy Cloutier était mon producteur, je voyais rarement René et Nathalie.

Aujourd'hui, je trouve ma naïveté de l'époque désopilante; c'est à croire que je n'étais encore qu'un gamin. J'avais pourtant près de 20 ans. C'est pour dire combien nos réactions peuvent parfois être déconcertantes... Ce n'est que bien des années plus tard que René et moi devions apprendre à mieux nous connaître parce que les chemins de nos carrières respectives devaient se croiser plus souvent.

Quand je fus de retour à Montréal, Yvon a été très bon pour moi. Afin que je sois au mieux de ma forme, il a continué à m'encourager à maigrir et à arrêter de fumer. Je fumais alors deux paquets de cigarettes par jour. Quelle horreur! Il me téléphonait régulièrement pour s'enquérir de moi:

— Tu n'as pas fumé? Tu n'as pas triché?

Au cours des mois qui ont suivi, j'ai maigri de 40 livres (18 kg). Je n'étais pas peu fier de cet exploit même si j'avais la certitude que l'ennui m'avait permis de perdre plusieurs de ces livres.

Alors que *Je suis un chanteur* montait rapidement au palmarès, je suis retourné à Dolbeau pour un court séjour forcé. En revenant d'une tournée de promotion à Sherbrooke, Jean Pilote et moi — Jean, le neveu de Guy, débutait alors à titre d'agent de promotion au bureau de Guy Cloutier — avions eu un accident.

En entrant dans la métropole, la chaussée était mouillée et, en freinant abruptement, nous avions embouti la voiture devant nous. La petite Renault 5 de Jean était irrécupérable. À la suite de l'impact, Jean hérita de quelques bleus ici et là. Quant à moi, ma tête avait fracassé le pare-brise, laissant pour toujours mes dents de devant à l'intersection des rues Sherbrooke et Pie-IX. J'ai hérité également de coupures au visage et c'est en autopatrouille qu'on m'a conduit à l'hôpital. Comme Jean était malheureux de me voir dans ce piteux état!

Au téléphone, Guy m'a rassuré le soir même en me disant qu'il me ferait rencontrer son dentiste et, qu'après, plus rien n'y paraîtrait. Depuis cette première visite à son cabinet, ce sympathique M. Rompré est demeuré mon dentiste.

Ainsi, durant quelques semaines, nous avons cessé toute promotion. J'avais le visage enflé et d'une drôle de couleur. C'est pour cette raison que je suis retourné à Dolbeau. Je me rappelle avoir accordé une entrevue à un journaliste au Lac-Saint-Jean durant cette «convalescence». Son photographe désirait absolument une photo, et j'ai accepté. Mais dans le journal, on me voyait de profil, pensif, avec une main sur le visage. Pas bête...

En peu de temps, *Je suis un chanteur* se hissa au sommet du palmarès. J'étais emballé par ce succès inespéré. Cependant, en même temps, je connaissais déjà assez le métier pour savoir que je n'étais pas une star. Le marché était envahi de chanteurs américains.

Une grande morosité planait sur la chanson d'expression française. Cette première place n'avait pas la signification qu'elle pourrait avoir aujourd'hui.

Une fois la tournée de promotion terminée, j'ai fait encore quelques apparitions à la télévision ici et là, mais, la plupart du temps, je flânais en ville et je m'ennuyais. Certains jours, je descendais à toutes les stations du métro simplement pour voir comment elles étaient faites. Et, lorsque ça me le disait, je sortais dehors et je marchais sans but jusqu'à ce qu'une autre station se dresse sur ma route. J'avais souvent le cafard et envie de pleurer. Je marchais dans la rue juste pour voir du monde. Ça devait sûrement se remarquer que j'étais un provincial parce qu'il me semblait que les gens me regardaient tous d'une drôle de façon. Et puis, croiser des mendiants, des clochards, des sans-abri, ça me bouleversait.

Je me demandais souvent pourquoi il fallait que je sois si loin de chez moi pour réussir? Dans un même souffle, je me disais que c'était ma destinée.

Aujourd'hui, je traduis ces sentiments comme ayant été mon rite de passage de l'adolescence à la vie adulte. Ces jours, ces mois, ces premières années à Montréal furent celles où je me suis regardé, où je me suis penché sur moi pour la première fois, où je suis devenu un homme.

Chapitre 6
LE RÊVE INACHEVÉ

Quelques semaines après la sortie du 45 tours *Je suis un chanteur*, Guy Cloutier a donné son aval à la conception de mon premier album. Quand il m'apprit que j'allais entrer en studio, ce fut comme si je venais de remporter le gros lot. «Mon premier album! Mon premier album...»

Tout s'est enchaîné très rapidement. L'enregistrement du disque s'est fait au Studio Son-Québec sous la supervision du chef d'orchestre Luc Caron. Luc en était également à ses débuts. Guy était là pour me donner de judicieux conseils et, surtout, pour m'encourager.

Guy n'a jamais été avare de son expérience pour en faire profiter les autres, tout en étant toujours délicat dans son approche. Il a rarement fait des remarques négatives à mon endroit. Il me parlait souvent du professionnalisme de René, de la façon dont il exerçait son métier et, lorsqu'il me parlait ainsi j'ouvrais grandes mes oreilles et j'enregistrais. Guy m'a appris à être sûr de moi quand je me présentais devant les caméras. Pour cela, il m'a, entre autres, démontré combien il était important d'être bien vêtu.

Étant donné qu'à Dolbeau il n'y avait pas, à l'époque, de boutiques comme on en trouve aujourd'hui, j'avais tendance à m'acheter des vêtements d'une allure un peu trop vieillotte pour mon âge. Guy m'a donc emmené Chez Charlie, rue Sainte-Catherine, où il m'a offert une nouvelle garde-robe. J'ai bien apprécié tous ces nouveaux vêtements lorsque je faisais une apparition publique ou une séance de photos.

Les photos pour la pochette du disque ont été prises au studio de Michel Gontran. Pendant la séance, je portais un ensemble de cuir de Chez Charlie. Je me souviens combien j'étais gêné devant l'appareil. Je ne savais pas quelle posture prendre et je ne répondais pas très bien aux demandes du photographe. De toute évidence, le jeu avec la caméra n'était pas un don inné chez moi. Depuis, je me suis si souvent détesté sur certaines photos, que j'ai fait beaucoup d'efforts pour finalement apprendre à courtiser la caméra. Pourtant, malgré mes difficultés des premières heures, quand j'ai découvert les premières maquettes de la pochette, je ne pouvais le croire. Tout semblait si beau. Il est difficile de trouver les mots justes pour décrire ce que j'ai vraiment ressenti. Quand un rêve devient réalité, c'est une sensation indescriptible. C'est unique et c'est bon.

Pour le lancement de l'album, Guy avait loué une suite à l'Hôtel Quatre-Saisons. La presse et toute ma famille avaient été conviées à un cocktail. Ce jour-là fut empreint de folie douce. J'avais la tête dans les nuages. Toute la journée, je fus traité aux petits oignons et, devant une si imposante délégation de la presse artistique, je ne savais trop quoi répondre aux questions à répétition. Peter Pringle, qui était une grande star à l'époque, a assisté au lancement. Tout comme Michèle Richard, Roch Denis, Guy Gosselin et plusieurs autres.

Mes parents ont ressenti beaucoup de fierté à voir toutes ces personnes qui gravitaient autour de moi. Jamais ils ne m'ont mis en garde ou réprimandé à propos de quoi que ce soit. Ils étaient toujours là pour m'encourager. Si papa avait une inquiétude, elle se situait sur le plan financier.

— Ça va bien. Tu n'as pas de problème, me disait-il souvent en faisant référence à mes cachets.

Ayant toujours assuré le soutien financier de la famille, il savait combien cela pouvait être angoissant de connaître l'insécurité sur ce plan. C'est sûrement pour cela qu'il me glissait souvent quelques billets verts dans la poche, avec discrétion, au cours de ses passages à Montréal. Maman, quant à elle, me répétait tout simplement:

— Sois docile, Mario. Si tu veux réussir, écoute ce qu'on te dit.

Encore aujourd'hui, ils sont toujours là pour m'encourager, mais les mêmes préoccupations demeurent. N'est-ce pas là de belles marques d'amour? Je le crois sincèrement.

L'autre jour encore, alors que nous roulions dans le centre-ville de Montréal, je la vis freiner à plusieurs reprises, alors qu'elle occupait la place du passager. Elle n'a pas l'habitude de cette circulation dense, elle était nerveuse.

— Attention, Mario! Ne fais pas ci, ne fais pas ça...

Je lui ai finalement répondu:

— C'est assez, maman! J'habite ici depuis treize ans...

Puis, après un moment de réflexion, je l'ai vue refaire le même mouvement et je me suis senti aimé. Son geste m'a amusé.

J'ai compris que c'est une mère qui s'en fait pour son fils même s'il a 30 ans et qu'il s'agit là d'un

sentiment qu'il ne faut pas réprimer mais bien
apprécier. Ce fut un bel après-midi.

Pour remercier Guy Cloutier de toutes ses
attentions, je lui ai fait une peinture. J'avais demandé
à son épouse, Jojo, de me remettre une photo du
chalet qu'il venait d'acquérir dans les Laurentides.
J'ai peint sur une toile cette maison qu'il affection-
nait beaucoup. Je la lui ai remise quelques semaines
plus tard pour son anniversaire.

Je n'insisterai pas sur la qualité de l'œuvre, mais
Guy fut très touché de mon geste.

L'an dernier, à l'occasion d'une visite dans les
Laurentides, j'ai aperçu la toile sur un mur du chalet.
Ce chalet est devenu, au fil des ans, un petit domaine. Sentimental comme il est, cette toile a certainement une certaine valeur pour Guy, et j'en suis fier.

Dans la région du Lac-Saint-Jean, on se réjouissait, bien sûr, de mon succès. Mais il se trouvait
également des gens pour dire:

— Ça ne durera pas! Après un disque, y va être
fini.

Toutefois, loin de me déranger, ces commentaires
ont aussitôt créé en moi un désir d'aller récupérer ces
personnes, de les rallier à moi une à une. Je n'ai jamais craint les gens qui n'apprécient pas mon travail,
et ce, pour une raison bien précise: ils m'offrent un
défi de taille, celui de les conquérir. Toutefois, il faut
savoir demeurer conscient. Par exmeple, cet été-là, je
me suis produit lors de la Traversée Internationale du
lac Saint-Jean avec des musiciens du coin, et près de
10 000 personnes sont venues nous applaudir. Ce
succès m'a emballé, mais, en même temps, je me
disais: «Tu ne peux plaire à tous.»

Avec la sortie de l'album, j'ai repris le chemin
des plateaux de télévision et de radio. Guy me
donnait les cachets reliés à ces apparitions, pourtant,

c'était encore trop peu pour payer les 240 $ par mois de mon loyer. Ceci m'a permis de comprendre que le fait d'avoir enregistrer un album était loin, bien loin, d'assurer un succès, une carrière et surtout un revenu. C'est le revers de la médaille dans le monde mythique du showbiz.

J'ai donc demandé à Guy de me verser un salaire hebdomadaire. Il a accepté. Ce petit montant était, en quelque sorte, une avance sur les royautés de l'album. Plus tard, j'ai compris que cette centaine de dollars était finalement un cadeau hebdomadaire bien plus qu'autre chose. Je sais aujourd'hui que Guy m'a versé une somme bien au-delà de ce que le disque a pu lui rapporter. Pour cela et pour tout ce qu'il a fait pour moi, à cette époque comme à d'autres moments de ma vie, il aura toujours droit à ma reconnaissance. D'ailleurs, c'est toujours un bonheur de lui serrer la main aujourd'hui et de partager un moment avec lui.

Suzanne Gauthier fut la première journaliste à écrire un article me concernant dans un journal d'envergure. En juillet 1982, Denis Monette faisait de même, mais dans un magazine cette fois. En ce bel été, on a donc pu me voir à la une du *Lundi*.

Depuis, cet homme toujours aimable a été d'une gentillesse exemplaire à mon égard. À cette première rencontre, je m'étais confié à lui. J'avais abordé les douloureux souvenirs que je gardais du décès de ma sœur. La photo de cette première page, prise par le regretté Daniel Poulin, a d'ailleurs été réutilisée pour la pochette de mon second album. Comme à ce moment-là je n'appréciais toujours pas plus les scéances de photos et que ce cliché me plaisait, j'avais suggéré à Guy de le réutiliser. Daniel Poulin et *Le Lundi* ne s'y étaient pas du tout objectés.

En ce milieu d'été 1982, j'étais peu occupé même si les gens apprenaient lentement à connaître Mario

Pelchat et sa musique. J'en ai donc profité pour quitter mon appartement de la rue Bélanger et pour revenir quelques mois au Lac-Saint-Jean. J'ai entreposé mes meubles chez ma tante, à Terrebonne, et j'ai sauté dans un autobus en direction de Dolbeau. Une fois chez moi, je m'y suis senti bien. J'étais à nouveau dans mon coin de pays et heureux.

Je suis revenu à Montréal à quelques reprises lorsque Guy a eu besoin de moi pour des séances de promotion. Nous avons lancé un deuxième 45 tours extrait de l'album; la chanson s'intitulait *Un monde ensoleillé*. Même si j'avais apprécié au plus haut point mon séjour à Dolbeau, le retour dans la Métropole m'apparaissait, encore une fois, comme étant la meilleure chose à faire.

Ainsi, à la fin de l'été, j'ai loué un nouvel appartement, à Ville Saint-Laurent cette fois. Je savais pertinemment que tout se passait dans la Métropole et qu'il me fallait y être. À partir du moment où je me suis installé à Ville Saint-Laurent, Yvon a eu de moins en moins de temps à consacrer à son emploi d'imprésario. Comme il était trop occupé par ses affaires au Lac-Saint-Jean; c'est à un ami et employé, Michel Lebel, qu'il a alors confié la majeure partie de ses tâches auprès de moi. Michel avait suivi des études en lettres et il possédait également une petite expérience en animation à la radio. Je le connaissais bien pour l'avoir côtoyé à plusieurs reprises au Polynésien. Il aimait beaucoup la musique et, d'ailleurs, durant l'été passé à Dolbeau, nous avions collaboré à l'écriture de nouvelles chansons pour un prochain album. Nous étions donc en pays de connaissance, l'un et l'autre.

Comme je suis très visuel et que mon métier m'a conduit aux quatre coins de la ville, j'ai vite appris à connaître Montréal. Plus encore, j'ai appris à aimer cette ville. Mais, même si je m'y sentais de mieux en mieux, il fallait que je retourne au Lac Saint-Jean régulièrement pour respirer l'air de mon coin de pays. J'y suis également retourné guidé par un sentiment d'inquiétude. La vie des miens à Dolbeau m'a grandement préoccupé pendant un certain moment. Après mon départ de la maison, maman a connu des ennuis de santé importants. Mon départ pour la grande ville, la maison remplie de photos de Johanne et la chambre de ma sœur demeurée intacte depuis sa mort, c'en était trop.

Absent de la maison, j'ai mis beaucoup de temps avant de réaliser l'ampleur de la situation. Ces événements ont marqué maman d'une douleur si profonde que son état a nécessité une hospitalisation. Devant cette situation, papa, désemparé et croyant bien faire, a décidé de vendre la maison et de venir s'établir avec la famille à Montréal. Il espérait que ce changement d'air serait des plus bénéfiques pour tous. Il souhaitait surtout que ce changement permette à tous de connaître un nouveau départ. Bien sûr, papa désirait ce qu'il y avait meilleur pour les siens mais, à son insu, il se lançait dans une trop grande aventure. Il n'avait pas de toit, ni de travail et peu de famille à Montréal. Je lui ai répété maintes fois de bien y penser:

— Je ne te vois pas à Montréal, papa... Moi, le trafic me tue. Toi, tu ne survivras pas. Reste au Lac, c'est chez toi...

Pourtant, je savais qu'il voulait aussi se rapprocher de moi, et ça m'inquiétait. Ce n'était pas, à mon avis, le bon geste à faire. Surtout que maman ne voulait pas se départir de la maison. Mais, confuse dans ses pensées, elle s'est rendue avec papa chez le notaire pour officialiser la vente lorsqu'un acheteur s'est présenté.

Quand est venu le temps de quitter la maison, maman a pleuré toutes les larmes de son corps. Elle était une fois de plus à l'hôpital, n'ayant pas la santé assez solide pour surmonter un déménagement. Pour cette raison, papa n'avait pas encore déniché de toit à Montréal; il a donc loué une demeure dans la région. Ainsi, Éric, Steve et Karine et lui ont élu domicile dans une maison mobile. Maman les y a rejoints quelques semaines plus tard. Ils y ont vécu une année entière. Durant cette période, papa a ajouté une pièce à la maison parce qu'ils y étaient beaucoup trop à l'étroit.

Puis, un peu comme cela se passe dans un film, cette année difficile s'est terminée d'une façon inattendue. Papa avait financé l'acheteur de la maison, mais ce dernier, ne pouvant plus rencontrer ses échéances, s'est vu dans l'obligation de céder la maison. Bien sûr, nous ne nous réjouissions pas du malheur de ce couple, mais nous jubilions de pouvoir réintégrer la maison, notre maison.

De plus, comme s'il avait été envoyé là simplement pour ça, le couple d'acheteurs avait fait des changements dans une pièce de la maison: la chambre de Johanne. Ils l'avaient entièrement rénovée. Le tapis était parti, un beau plancher de bois franc y avait été installé. Les murs avaient été repeints. Maman a accepté le tout avec sérénité. Papa a entrepris la rénovation des autres pièces de la maison, et la famille a ainsi pu retrouver sa quiétude sous ce toit qu'il avait bâti avec amour, dix ans plus tôt. Merci, mon Dieu!

Pendant ce temps, à Montréal, on parlait d'un deuxième album. Lorsqu'est venu le moment de concevoir le disque, j'ai ressenti le désir de m'exprimer davantage, de moins me laisser porter par la vague. Cela s'est traduit par ma volonté de contacter des auteurs-compositeurs de mon choix. Depuis que ma soeur Johanne m'avait fait découvrir Fabienne Thibault, je suivais sa carrière attentivement. Sur l'un de ses albums, j'avais repéré la chanson *Bon Voyage*, que j'aimais beaucoup.

> *Bon voyage*
> *Quand tu pars sans moi*
> *J'en veux à tous ceux*
> *qui mettent un océan entre*
> *nous deux...*

J'écoutais aussi beaucoup une chanson de Diane Dufresne, *Le vieux saxophoniste*:

> *Le vieux saxophoniste*
> *Joue pour les touristes*
> *une vieille rengaine américaine...*

En regardant les noms des auteurs de ces chansons, j'avais réalisé que Christian St-Roch les avait écrites toutes les deux. Plus tard, j'ai appris qu'il était également l'auteur de la chanson thème des Jeux olympiques de 1976. Grâce à l'annuaire de la Guilde des musiciens, je suis donc entré en contact avec lui. Comme il ne me connaissait pas, il m'a demandé que je lui apporte les chansons que j'avais déjà enregistrées. Je me suis donc présenté chez lui avec mon album et une cassette vidéo sous le bras. Après quelques minutes de discussion, je lui ai fait entendre mon album, j'étais très fier de ce que j'avais fait. Avant qu'il ne soit terminé, Christian s'est levé à son tour, il a pris le disque sur la platine et l'a remis dans sa pochette en me disant:

— C'est de la merde!

Puis, il s'est dirigé vers la poubelle et y a jeté le tout.

— Si c'est ce genre de chanson que tu cherches, je ne peux pas t'aider, m'a-t-il dit pendant que mon disque s'écrasait au fond de l'abîme.

Je lui ai répondu:

— Écoute, c'est mon premier disque. Je croyais que c'était correct. Mais tu sais, je veux apprendre. Je ne veux pas stagner.

J'ai expliqué à Christian que j'aimais beaucoup ses chansons et que j'avais confiance en lui. Je savais qu'il pouvait m'aider. Dans son petit studio à la maison, nous avons écouté des chansons qui pouvaient s'apparenter à ce qu'il me voyait faire. En peu de temps, nous nous sommes compris. Il a alors manifesté un intérêt nouveau et il s'est même proposé pour réaliser l'album avec son équipe habituelle. Je ne pouvais prendre cette décision; elle appartenait à Guy Cloutier, mon producteur. En quittant sa demeure toutefois, après l'enthousiasme du moment, je me suis découragé. «Comment se fait-il qu'il jette mon album à la poubelle?» telle était la question qui me hantait. Je l'aimais ce disque, moi. Enfin, jusqu'à ce jour!

Ce geste m'a conduit à réfléchir pour la première fois depuis la signature du contrat avec Guy. Ce recul m'a permis de jeter un regard sur le chemin parcouru, sur les voies empruntées. J'ai constaté, entre autres, qu'il y avait encore beaucoup de travail à faire et de barrières à abattre. Le rêve persistait, mais il faisait de plus en plus place à une réalité souvent cruelle.

Quelques jours plus tard, j'ai approché Guy avec l'idée que Christian St-Roch réalise mon album. Je lui ai fait part de mon désir de faire davantage de chansons originales. Je ne voulais plus de traductions de chansons espagnoles comme celles qui composaient mon premier album. Pour une rare fois, Guy s'est montré quelque peu réticent face à mon idée. J'avais rencontré des auteurs-compositeurs; il perdait un peu le contrôle de ma carrière. De plus, mes désirs pouvaient me conduire dans un créneau où il ne désirait peut-être pas me voir. C'est ce que je devais comprendre plus tard, mais, malgré tout, il a accédé à ma demande.

Christian a écrit quatre ou cinq chansons pour moi. Il a également réalisé le disque avec la participation de Daniel Barbe. Durant la conception, j'ai ressenti un nouveau bonheur. Celui qu'on peut associer à l'accomplissement. Je savais davantage ce que je voulais chanter, avec qui je voulais travailler et j'avais analysé assez de pochettes pour savoir comment je désirais la mienne.

Ainsi, mon deuxième disque, intitulé *Tu m'as fait mal* a vu le jour. *Tu m'as fait mal* fut justement le premier extrait. *Un monde d'amour, Soleil éternel, Chanson pour ma sœur* figuraient aussi sur cet album. *Chanson pour ma sœur*, a été écrite par Jean-Guy Gauthier, elle était, bien entendu, dédiée à Johanne. La mélodie me plaisait beaucoup, et les paroles collaient à ce que j'avais raconté à Jean-Guy au cours d'une visite à Dolbeau. Elle dit:

Comme il était bon ce temps
Où ensemble on a grandi
On s'amusait courant les champs
et les bois
Toi, tu savais t'émouvoir devant
cette nature
Tu comprenais son langage
Petite sœur, c'est pour toi que je
chante
Toi qui m'as donné l'amour de la
chanson...
Toi qui as su m'inspirer la
confiance en moi

Guy Cloutier m'avait permis de placer une photo de Johanne au recto de la pochette du disque ainsi qu'un petit mot à son attention. Il était important pour moi de partager ces étapes de ma carrière avec Johanne.

Ce second disque est sorti en mai 1983. Aussitôt, on a pu en entendre un premier extrait sur les radios AM. Cette fois, j'ai fait parvenir le disque, accompagné d'une lettre, à René Homier-Roy, de l'émission *Bon Dimanche,* à Télé-Métropole. Je dis, cette fois, parce que je n'avais pas oublié la critique de l'année précédente concernant mon premier album. À la fin de son exposé, il l'avait — lui aussi — jeté à la poubelle. Aujourd'hui, cela m'amuse, mais, à l'époque, ce n'était pas facile à encaisser.

Dans cette lettre, que je lui ai fait alors parvenir, je lui ai expliqué qu'il existait certainement des lacunes sur mon premier album et que celui qu'il tenait maintenant entre les mains marquait une nette évolution dans ma carrière, tout en étant le reflet d'un jeune homme de 19 ans. Dans sa critique, pendant de la diffusion de *Bon Dimanche*, il a dit que j'avais fait un pas en avant et que cela augurait bien pour la suite. J'ai beaucoup apprécié.

Si Guy m'avait finalement donné le feu vert pour la production de ce nouvel album, à sa sortie, très peu d'efforts ont été concentrés sur sa promotion. Devant cette situation, une fois de plus, j'ai fait une proposition à Guy. Je lui ai demandé de m'accorder une certaine somme pour la promotion parce que Michel Lebel, qui veillait sur ma carrière en l'absence de mon oncle, désirait relever le défi et assumer cette responsabilité. Guy a accepté. Sans tarder Michel et moi avons pris les routes du Québec. Nous avons fait le tour des stations de radio et de télévision de la province. Au cours de ma première tournée de promotion avec Jean Pilote, j'avais pu comprendre comment il travaillait. Il appelait les stations de radio et les journaux quelques jours seulement avant notre arrivée. J'ai donc suggéré à Michel d'agir de même, et cela a bien fonctionné. Partout, on était heureux de nous recevoir. Toutefois, je dois concéder que le disque a connu peu de succès. À Dolbeau, toutes les chansons ont été diffusées, mais pour ce qui est des ventes «ça n'a jamais levé!» comme on dit dans le métier.

Ma carrière sur disque ne me permettait pas de chanter selon mes envies. J'ai donc décidé de monter un petit groupe avec des copains de Montréal. Nous avons commencé à nous produire dans la région du Lac-Saint-Jean, où j'avais des contacts et où j'étais avantageusement connu. C'est à ce moment-là que j'ai mieux apprécié le répertoire de Quincy Jones, de Kool and the Gang et de Stevie Wonder. Avec ce groupe, je me suis mis à chanter d'une façon plus soul et j'ai adopté ce genre. Nos spectacles dans les bars étaient toujours grandement appréciés.

Je ne pense pas me tromper en disant que Guy croyait toujours en moi, mais il est vrai qu'il se trouvait dans une situation délicate. Il était l'imprésario de René Simard, qui connaissait toujours beaucoup de succès et de sa sœur Nathalie, qui réitérait les exploits de René au palmarès. Pouvait-il consacrer toute son énergie sur un chanteur qui entrait en compétition avec son premier poulain?

À l'époque, cette pensée me choquait, et je ne voyais malheureusement plus tout ce qu'il avait fait pour moi. Lentement, on s'est éloignés l'un de l'autre, même si notre contrat était encore valide pour deux ans. Nous n'étions vraiment plus sur la même longueur d'onde.

Pendant cette courte tournée dans la région du Lac, alors que nous nous produisions à Chicoutimi, j'ai fait la connaissance d'une jolie personne:

l'esthéticienne Sarah Bertrand. C'est elle qui était chargée de mon maquillage avant le spectacle, je l'ai trouvée fort gentille et très mignonne. Quand je l'ai revue en coulisses après mon spectacle, nous avons échangé nos numéros de téléphone. Au cours des mois qui ont suivi, nous nous sommes parlé plusieurs fois au téléphone jusqu'à ce que, bonne nouvelle, son père soit transféré à Montréal. Sarah et sa famille ont emménagé dans une grande maison à Laval, et nous nous sommes fréquentés durant une année. Aujourd'hui encore, nous demeurons de bons amis même si je dois avouer bien sincèrement qu'à cette époque je n'étais pas très facile à vivre. J'étais très indépendant. Mes copines disaient souvent qu'elles sortaient avec moi alors que moi, je préférais dire que je n'avais personne de sérieux dans ma vie. Je tenais à garder mes distances. Je me sentais mieux ainsi. Ma carrière était toujours au centre de mes préoccupations, et je craignais toujours les engagements amoureux.

Le 27 mai 1983, j'ai chanté une dernière fois avec le groupe à l'occasion du Festival du Papier, à Dolbeau. Ce soir-là, mon grand-père maternel est mort. Après mon tour de chant, papa et maman sont venus me féliciter et, après m'avoir attiré un peu à l'écart, ils m'ont appris le décès. Je n'étais pas proche de grand-papa Gagnon comme je peux l'être de grand-papa Pelchat, mais je l'aimais beaucoup. C'était un homme bon. Après sa mort, grand-maman m'a donné son rasoir, et j'aimais en sentir l'odeur, qui me rappelait grand-papa. Ce spectacle devait aussi marquer la fin de mon association avec mon oncle Yvon, de plus en plus pris par des intérêts autres qu'artistiques. Malgré ces beaux moments, je portais en moi l'inquiétude de ce que l'avenir pouvait me réserver.

Étant un être hypersensible, j'avais même tendance à devenir très impulsif et prompt quand les choses n'allaient pas comme je le voulais. Je n'étais pas très facile à vivre, j'en conviens. Je sentais parfois le besoin de réagir physiquement face à tous ce que je traversais. J'ai ressenti d'ailleurs un grand soulagement en travaillant quelques mois pour un de mes oncles au cours de cette période d'incertitude. Il devait démolir l'intérieur d'un édifice d'Outremont pour en faire des condos. Cette rage qui bouillait en moi, je l'extériorisais avec une masse entre mes mains pour frapper des murs de béton.

Malheureusement, il m'arrivait aussi de déverser ce trop-plein d'agressivité sur mes parents. Trop souvent, lorsque je parlais à ma mère, je m'emportais. La conversation prenait fin sur un ton abrupte. Maman était plutôt du genre couveuse, et ça m'irritait. Cependant, chaque fois, je la rappelais quelques minutes plus tard pour m'excuser. Comme je lui en ai fait voir..

Parce que j'aimais déjà beaucoup Céline Dion à l'époque, je me souviens d'avoir appelé René Angelil pour demander quelques conseils. Il m'a longuement parlé. Notre échange m'a permis de concevoir d'une façon plus claire la direction que je désirais prendre. Je me rappelle aussi avoir appelé Diane Juster. Auteure reconnue, je croyais qu'elle pouvait également me donner de judicieux conseils. Par un matin pluvieux, j'ai pris le métro et je me suis rendu à sa demeure au pied du Mont-Royal. La bonne m'a répondu, et Diane s'est ensuite présentée dans le hall d'entrée. Elle m'a invité à passer au salon et, en entrant dans la pièce richement décorée, elle a gracieusement jeté son pull de laine sur un sofa et elle s'est assise à son piano. Sans tarder, elle m'a demandé ce que j'attendais d'elle. Je lui ai dit que je désirais quelques-unes de ses compositions pour mon prochain disque. L'éventualité d'un nouvel album avec Guy avait été abordée même si j'étais conscient qu'il était peu probable que le projet se concrétise. Diane m'a alors demandé quel genre de chansons je chantais.

— Je peux vous faire entendre quelques démos que j'avais faits avec des copains dans un petit studio maison...

Ces chansons s'intitulaient: *Entre le ciel et l'enfer*, *Tes yeux* et *Le Voyeur*.

À ce moment, j'avais quitté Ville Saint-Laurent, J'habitais maintenant sur la rue Lajeunesse, dans le nord de la ville. Comme j'utilisais le métro régulièrement, j'avais remarqué sur un banc, près de la bouche de métro, un homme qui était toujours là et qui regardait les jeunes filles passer. Il admirait leurs cuisses, leurs fesses, et cette histoire avait été l'inspiration de cette composition, l'une de mes premières. Quelques personnes seulement avaient entendu la chanson et elles m'avaient toutes dit: «C'est un hit!»

Aujourd'hui, mes oncles et mes tantes me réclament encore cette chanson pendant les soirées en famille parce qu'elle les amuse. Pourtant, pendant que la cassette jouait et que moi, je revoyais ce voyeur dans mes pensées, Diane Juster, elle, ne semblait pas vraiment apprécier. Après la courte séance d'écoute, elle me conseilla:

— Vous devriez lâcher ce métier... Ça prend une équipe énorme, fiable. Il faut des investissements majeurs.

Sur le coup, ça m'a renversé, découragé totalement. J'ai presque cru ses propos. Secoué, j'ai rétorqué:

— Vous savez, je peux retourner au Lac-Saint-Jean et travailler avec mon père dans la construction... Ma vie ne sera pas finie, si ça ne marche pas.

Puis, je me suis interrompu. Une force a jailli soudainement en moi, et, envahi par une nouvelle confiance, j'ai poursuivi ma phrase en disant:

— Vous me dites que je n'ai aucun talent finalement. Je m'excuse, mais c'est faux. Si je ne réussis pas dans ce métier, c'est que le Québec n'est pas prêt pour moi.

Et je me suis levé, j'ai pris ma cassette et me suis dirigé vers la sortie. Diane m'a raccompagné jusqu'à la porte. Comme il pleuvait toujours, j'ai ouvert mon petit parapluie et, sur le parvis, j'ai ajouté:

— Ça m'a fait plaisir que vous me receviez. C'est déjà beaucoup.

Puis, elle me dit, en guise d'aurevoir:

— À bien y penser, peut-être que vous saurez réussir. Il faut avoir l'étoffe, vous savez...

En marchant vers la station de métro Atwater, je me souviens d'avoir pensé:

— Elle peut être sûre que je ne reviendrai pas de sitôt! Si j'y retourne, c'est parce qu'elle aura une chanson pour moi!

Je connais bien Diane Juster aujourd'hui, et c'est une femme charmante et attentionnée. Quand on s'est remémoré le souvenir de mon premier passage chez elle, il y a quelque temps, elle devait m'avouer qu'elle avait joué une carte dangereuse pour me bousculer, pour m'acculer au mur et connaître ma véritable détermination.

Ce jour-là, de retour dans mon petit appartement du 8064, rue Lajeunesse, je me suis finalement senti bien dépourvu. Quelque temps plus tard, Gervaise est venue vivre avec moi. Comme un enfant qui retourne vers sa mère quand ça ne va pas, Gervaise entrait souvent dans ma vie quand ça ne tournait pas rond. Si nous n'étions pas vraiment faits l'un pour l'autre, nous avions tout de même créé certains liens entre nous. En fait, plus que tout, l'intimité sexuelle que nous avions développée nous réunissait. Toutefois, je n'avais rien de «l'amant romantique». L'amour me faisait peur, et mon manque d'expérience me hantait considérablement.

Durant ces longs mois, je suis resté dans le néant. Pour la première fois, j'ai songé à renoncer à la chanson. Si j'avais cru voir mon rêve devenir réalité à la signature de mon premier contrat de disque, j'étais loin d'être rassasié. Heureusement qu'on ne sait jamais ce que la vie nous réserve parce que, dans la poursuite du rêve, j'allais goûter au cauchemar.

Mes parents, lorsqu'ils se sont rencontrés

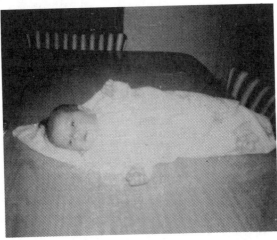

L'une de mes toutes premières photos. À 30 jours.

À 6 mois, avec
ma sœur Johanne

Mon premier anniversaire

Johanne et moi
sommes prêts
pour une visite
chez
grand-papa

À 3 ans

À 5 ans

À 6 ans

Le 20 juin 1975.
Nous chantons pour
le mariage d'Albert,
le frère de mon père
et d'Odile.

Nos costumes
de scène:
une robe bleue
pour Johanne
et, pour moi,
mon fameux
costume blanc

Avec le présentateur Bernard Duchênes et le chanteur
Yoland Guérard à l'occasion d'un concours, à Mistassini

AUJOURD'HUI A 19 H 00

EN SPÉCIAL:
L'ÉCOLE DU
MUSIC-HALL

avec ANDRÉ RICHARD
DIRECTION MUSICALE: JEAN LAROSE
AVEC LA PARTICIPATION DE
JOHANNE & MARIO PELCHAT — DOLBEAU
SONIA BERTRAND — BEAUPORT
PASCALE DESROSIERS — FARNHAM
LES CADENCES — ST-ROMUALD
SYLVAIN SACCHETELLI — LAVAL
MARIO & YVES GODDARD —
ST-GABRIEL DE BRANDON
UN GROUPE DE MUSICIENS — ST-JÉROME
L'ORCHESTRE SYMPHONIQUE
DES JEUNES DE JOLIETTE

Encart publicitaire soulignant notre présence à l'École du music-hall

Papa, l'animateur André Richard, Johanne, Éric. Moi, j'explorais les studios de Télé-Métropole...

DATE	RÉFÉRENCE	FACTURES	DÉDUCTIONS	SOLDE	
MARS 13'77 SPECIAL "L'ECOLE DU MUSIC HALL" POUR LES FRAIS DE DEPLACEMENT ET LA PARTICIPATION DE JOHANNE & MARIO PELCHAT.		250.00		250.00 cr.	

TÉLÉ-MÉTROPOLE INC.   97442

Souvenir de mon premier cachet à la télévision

À 11 ans,
derrière la maison
familiale, avec feu
mon petit chat

Toujours
à 12 ans,
au cours d'un
voyage en
famille en
Gaspésie. Je suis
à genou auprès
de Johanne,
Steve et Éric.

DOLBEAU
a maintenant son
RENÉ SIMARD
– À lire en page 28 –

Un titre de journal qui a comblé le garçon
de 12 ans que j'étais.

Pour du plaisir assuré,
c'est à l'Auberge des Chutes qu'il faut aller...

En vedette

cette semaine:
les 24-25-26-27 fév.

Johanne et Mario Pelchat

2 jeunes de la région qui se sont produit en spectacle à l'aréna à l'occasion
du Festival ROBI
Spectacle dimanche après-midi et soir

Pour la musique de danse,
SERGE et FERNAND Larouche　　(Dimanche 15 hres.)

Auberge des Chutes
Val-Jalbert - Tél.: 275-0078

Souvenirs de mes engagements avec Johanne dans la région
du Lac-Saint-Jean. (ci-dessus et page de droite)

GRAND SPECTACLE

Vendredi Samedi Dimanche après-midi
et dimanche soir

MARIO & JOHANNE

Chanteurs

Dimanche après-midi

TIR AU PIGEON D'ARGILE

Dimanche après-midi à 14:30 hres.

COURSES DE CANOTS

MOTEL GABRIEL LODGE

Tél · 276-9706

La Corporation du

Festival du Bleuet

Avec la collaboration de:
Boutique Lily
Delisle Nouveautés
Continental
Les bijouteries: Paulo Boulanger
Norbert Sanneville

organise une

Ambiance d'un Cabaret Mode

PARADE de MODE

à **l'Hotel BONNET ROUGE**

le **15 mars 78** à 20:30h

Admission: $2.50

Une activité socio-culturelle des plus vivantes.

Nos artistes invités:

Les NOMADES

JOHANNE et MARIO PELCHAT

Trois jeunes frères admirant leur nouvelle petite sœur,
Karine, dans mes bras

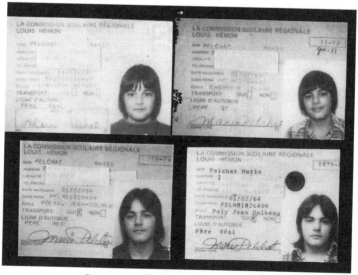

Souvenirs d'école, au secondaire

Avec Johanne, au cours d'une présentation
du spectacle *Jésus parmi nous*

La Société d'Opéra Dolbeau-Mistassini
présente le Spectacle
"JESUS PARMI NOUS"
Jeux Bibliques en 14 Tableaux.
Eglise St-Jean-de-la-Croix de Dolbeau
dimanche, 15 avril 1979 à 8h.30 p.m.
Admission Adultes: $3.00

Commandité par: Dolbeau Crankshaft
1855, Blvd Walberg, Dolbeau   Tél. 276-1874

Ce que je pourais considérer
comme mon premier billet de spectacle

Avec Johanne, pendant l'une
de ses hospitalisations

Le 25 août 1979. Mme Villeneuve,
propriétaire de l'Auberge des Chutes,
me remet une plaque honorifique.

En Floride, Johanne réalise un rêve d'enfant
avant de nous quitter

Johanne, ma sœur aînée, à son dernier repos

Avec mes frères,
Éric et Steve,
adolescents.
Je suis
maintenant
l'aîné...

À 17 ans,
je découvre
Montréal

Portant ma
fameuse chemise
à frou-frou.
Cette photo
a servi pour ma
première affiche
pour mon
premier spectacle
à Montréal.

Un grand moment:
la signature
de mon premier
contrat de disque.
Je suis en
compagnie de
mon oncle Yvon
et de Guy Cloutier.

(Photo: Michel Contran)

À l'époque où
Je suis un chanteur
passait à la radio

Chantant *Soleil éternel,*
premier extrait de l'album
Tu m'as fait mal

(Photo: Hélène Gagnon)

Au cours d'une
séance en studio.
Guy Cloutier était
encore mon agent.

(Photo: Pixie)

Sur la scène flottante
de La Ronde:
mon premier spectacle
en ville

Mon premier disque d'or pour l'album
éponyme *Mario Pelchat*. Je suis en compagnie
de mes imprésarios de l'époque,
Pierre Gibeault et Antony Ng.

(Photo: Pixie)

Sur le plateau de *7e Ciel,* en compagnie
de Martine Chevrier, ma coanimatrice

Avec Patrick Bruel et Eddy Marnay, à qui l'on rendait hommage
ce jour-là à l'émission.

Avec Mitsou au cours d'un spécial *Les Grandes Vacances*
au Mexique. Ce fut mon premier grand voyage.

(Photo: Michel Tremblay)

Avec Joe Bocan et Martine St-Clair à l'occasion du
Gala du 20ᵉ anniversaire de Provigo, en novembre 1989

MARIO PELCHAT

LA PLUS BELLE VOIX MASCULINE AU QUÉBEC

SON PREMIER «GRAND» SPECTACLE!

Une soirée coup de coeur qui vous en mettra plein la vue!

(Photos: Michel Tremblay)

Sur le vif, pendant ma première grande tournée, *Couleur Passion*

L'interprète féminine et l'interprète masculin de l'année 1990,
au *Gala de l'ADISQ*: Joe Bocan et Mario Pelchat

Trois générations
en chanson:
fiston Mario,
papa Réal
et grand-papa
Joseph,
le 10 décembre
1989, au cours de
l'émission
Star d'un soir

(Photo: Michel Tremblay)

Le 20 février 1990, dans
le cadre de l'émission
En ligne, sur MusiquePlus,
animée par Sonia Benezra

Un moment de détente entre deux prises
à Rio de Janeiro avec Dominique Michel.
Pendant une émission
de la série *Les Grandes Vacances*.

(Photo: Chantal Patry)

Sur le plateau de *De bonne humeur,* Michel Louvain me remet un disque d'or soulignant les ventes de *Couleur Passion*

(Photo: Chantal Patry)

Le 14 mars 1990, première au Théâtre St-Denis. Mon agent Pierre Gibeault, Eddy Marnay, Céline Dion, René Angelil et moi-même.

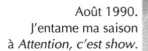

Août 1990.
J'entame ma saison
à *Attention, c'est show.*

À remarquer: le fameux
veston que Tony
m'obligeait à porter
en spectacle

(Photo: Michel Bédard)

Une photo que j'apprécie beaucoup. Un sourire malgré toute l'angoisse des moments difficiles avec Pierre et Tony.

À la signature du contrat avec Sony Musique. Je suis entouré
de Vito Luprano et Bill Rotary, de Sony Musique, et de
Suzanne et Rocky Colello, mes nouveaux agents.

Novembre 1991. Rencontre avec Michael Bolton,
qui m'a offert la chanson *Quitte-moi*.

(Photo: Sylvie Royer)

Lancement de l'album *Pelchat,* le jour de mes 29 ans

La première femme de ma vie, ma mère

Ma discographie
(Un nouvel album se joindra
à ceux-ci en février 1995)

Pelchat est certifié or. Barry Garber, de Donald K. Donald, Suzanne, Jean Lamothe, agent de promotion chez Sony, Sonia Benezra et Rocky m'entourent.

Les productions Donald K. Donald deviennent les producteurs de mes spectacles. À l'occasion de la signature officielle avec Barry Garber, Donald K. Donald et mes agents.

En duo avec
Céline Dion, au
Théâtre du Forum

Sonia Benezra a aussi souligné
mes 30 ans dans le cadre de son
émission sur les ondes de TQS

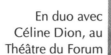

«Mon cher Mario...»
- Ginette Reno

Claire et moi, le jour de notre mariage, le 7 août 1994,
sur le *Louis-Jolliet* devant Québec

Un père et une mère fiers de leur fils en ce grand jour

La famille
Pelchat réunie.
Derrière: Éric et
sa copine
Raymonde, Steve
et sa fiancée,
Karen, ma sœur
Karine. Devant:
maman
et papa nous
entourant, Claire
et moi.

Mario avec ses grands-parents:
grand-maman Gagnon et grand-papa Pelchat,
en compagnie de Claire

Le début d'une vie à deux

Confiant en l'avenir

Chapitre 7
LES CHEMINS
SOMBRES

Ma situation financière était des plus précaires. Mon univers s'est assombri rapidement. N'ayant plus de revenus, je fus contraint de faire appel à l'aide sociale. C'est un ami qui m'a expliqué que j'avais droit à ce service, tout en me disant qu'il n'y avait rien de honteux à cela. Je ne tiens pas ici à pointer du doigt les prestataires de l'aide sociale. Il s'agit d'un service gouvernemental auquel nous avons tous un droit légitime. Cependant, cette avenue en est une de dernier recours. Elle traduit souvent le sentiment d'impuissance dans lequel on se trouve.

J'avais déjà enregistré deux albums et je craignais qu'on me reconnaisse au bureau gouvernemental. Je craignais surtout qu'on me juge, qu'on ne me croie pas lorsque que je dirais: «Je suis dans le besoin.» Pourtant, je ne pouvais même plus assumer le loyer mensuel de 160 $.

Je suis allé une première fois au bureau de l'aide sociale, mais, après avoir tourné en rond devant l'entrée quelques minutes, je suis rentré chez moi. Cela m'a pris plusieurs jours avant que j'y retourne et qu'enfin je fasse une demande officielle. Finalement, quand le chèque arrivait, c'était toujours un grand apaisement. L'angoisse me tenaillait. J'ai bénéficié de l'aide sociale durant quelques mois. Heureusement, du travail s'est à nouveau présenté.

J'avais un cousin qui habitait Montréal. Il avait été claviériste au spectacle *Jésus parmi nous*, où Johanne et moi avions joué en 1979. Il m'a contacté. Normand était également sans travail. Il venait de se séparer d'une formation rock et m'a proposé de monter un groupe avec lui.

— J'aimerais qu'on fasse de la musique ensemble... On pourait trouver un autre gars et faire un peu de tournée... m'a dit-il.

Nous avons alors proposé à Martial Simard de se joindre à nous. Martial est aussi originaire de Dolbeau et il fut lui aussi membre de la troupe de *Jésus parmi nous*.

J'avais goûté au studio d'enregistrement, à la télévision et à la promotion; reprendre la route des bars ne me réjouissait pas vraiment. Pourtant, comme c'était une occasion de me faire de l'argent, je ne pouvais ignorer cette proposition. J'ai accepté l'offre et je me suis fait à l'idée. Après tout, reprendre le circuit des bars n'était pas la fin de ma carrière.

Même pendant cette période sombre, je conservais en moi une lueur d'espoir. Je savais que j'aillais réussir à me tailler une place dans le monde du spectacle. Nous avons baptisé notre groupe Modern. Sur l'affiche de promotion, Normand, Martial et moi étions photographiés une partie du visage dans l'ombre. C'était un choix du trio. Cela ne me déplaisait pas, je tenais à me faire discret.

Évidemment, certains propriétaires de bars où l'on se produisait me reconnaissaient. Ils ont alors fait inscrire sur l'affiche: *Modern... avec Mario*

Pelchat. Que pouvais-je y faire? Après tout, c'était eux qui apposaient leur signature au bas de ce chèque de paye que j'attendais impatiemment chaque semaine.

Au sein du trio, les tâches étaient bien déterminées. J'étais, avec Normand, responsable de la recherche d'engagements. Nous nous produisions dans plusieurs bars de la région montréalaise. Entre autres, *Au petit Duc*, à Laval, à la *Brasserie Hochelaga*, à Montréal, *Chez Polo*, à Tétreaultville. Nous sommes aussi allés chanter dans la région du Saguenay-Lac-Saint-Jean, où nous étions connus tous les trois. Nous avions acheté une Station Wagon pour transporter notre matériel. Chaque fois que nous partions, la grande voiture était remplie à pleine capacité: les instruments s'empilaient derrière, mais aussi sur les trois banquettes du véhicule. Des amis, souvent rencontrés au hasard de la route, nous accompagnaient régulièrement. C'était l'aventure.

Notre répertoire se composait de nombreuses chansons en anglais popularisés par des chanteurs tels que Billy Idol ou Phil Collins et des groupes tels Tears for Fears ou Wham... Après un premier passage, nous étions régulièrement réinvités, et, souvent, les patrons des bars nous gardaient à l'affiche plus longtemps que prévu. Nous pouvions nous produire au même endroit un ou deux mois d'affilée. Ça marchait très bien.

Je me souviens de la première semaine de tournée. Je n'ai pu chanter que trois soirs. Je n'avais pas l'entraînement vocal et physique nécessaire pour remplir ces longs engagements de six soirs. Durant quelques semaines, j'ai pris des médicaments pour la gorge, j'ai évité les chansons particulièrement exigeantes et, finalement, j'ai acquis la résistance et la force nécessaires pour chanter toute la semaine.

Même si j'ai pris de mauvaises habitudes techniques, que j'ai dû corriger par la suite, les trois années passées au sein de Modern m'ont permis d'apprécier cet entraînement vocal. Et cela s'est avéré déterminant pour mes aspirations futures.

Durant l'hiver 1984, ma situation financière s'était passablement redressée. Je me suis inscrit au Collège Ahuntsic. J'ai suivi des cours en graphisme, d'autres en littérature et en poésie. Ces deux derniers cours, me suis-je dit, seraient particulièrement utiles pour composer mes chansons. Quant aux cours de graphisme, ils m'ont aussi beaucoup aidé, mais d'une autre manière. Ainsi, le propriétaire du Petit Duc m'a demandé de réaliser sa carte professionnelle. Le design que j'ai élaboré pour lui est ensuite devenu le logo de son établissement. J'ai aussi conçu les cartes et les enseignes de la clinique d'esthétique ouverte par ma copine Sarah Bertrand, à Laval. Grâce à des connaissances, j'ai décroché différents contrats du genre, ce qui m'a permis d'arrondir mes fins de mois.

Quand je chantais, j'avais toujours un verre d'eau près de moi. La fumée de cigarettes est un ennemi de tous les instants pour les cordes vocales. Si l'univers des bars recèle de pièges dangereux, je n'ai jamais abusé de l'alcool, qui y coulait à flots. Mais, un soir, en revenant d'un spectacle avec mes deux compagnons de scène, j'ai découvert qu'ils avaient consommé de la cocaïne. Ça m'a grandement secoué, j'étais même en colère:

— Si vous n'êtes pas plus sérieux que ça, les gars, moi, je laisse tout tomber...

À mes yeux, la cocaïne n'a rien de comparable à la marijuana, et je ne tenais pas à être associé à ce manège dangereux.

Pourtant, dans les bars où nous nous produisions, mes copains ont connu des vendeurs de drogue et ils les côtoyaient. Finalement, ils ont admis que j'avais raison de me fâcher, mais ils m'ont aussi dit que je manquais d'expérience. Selon eux, je ne connaissais pas assez bien le milieu pour m'ingérer ainsi dans leurs affaires personnelles. À ce moment-là, je tenais mes engagements avec rigueur, mais, comme je récoltais enfin un salaire décent, je n'ai pu faire autrement que de tolérer la situation. Toutefois, je dois avouer que j'ai alors fait preuve d'un manque flagrant de sérieux puisque j'ai vite réalisé qu'à jouer avec le feu on se brûle inévitablement. Un soir, j'ai demandé à essayer.

Ils ont d'abord refusé. Ils ne tenaient pas à ce que j'embarque dans cette galère. Malheureusement, ce soir-là, j'ai quand même touché à cette dangereuse drogue pour la première fois de ma vie. Je n'ai pas ressenti de grands effets sur le coup. Alors, dans les jours qui ont suivi, j'ai consommé à nouveau.

Quand finalement les effets se sont fait ressentir dans tout mon corps, j'en fus très troublé. J'ai rapidement perçu combien cette drogue était sournoise. Tu atteins un certain niveau d'euphorie durant un court moment, après, tu redescends très rapidement de ton nuage. Tu te retrouves alors encore plus bas, plus déprimé que tu ne l'étais avant de consommer le produit. Le bien-être est très, très, très éphémère. C'est précisément là que se trouve le plus grand piège. Pour cette raison, la tentation de consommer de nouveau est très forte. Après avoir vécu l'expérience, je peux affirmer que l'impression de grimper dans un niveau élevé de bien-être, comme la première fois, ne revient plus jamais. Finalement, on ne monte jamais plus sur son nuage comme par le passé. Cependant, l'escalade dans la consommation, elle, est bien entamée. La descente aux enfers peut s'amorcer.

Je vivais à Montréal depuis trois ans. Je réussissais enfin à voler de mes propres ailes — j'avais des amis et je sortais — je n'ai donc pas tout de suite réalisé l'ampleur du danger qui me guettait. Pire encore, je ne voyais pas que je nageais dans une mer houleuse et que je risquais de sombrer.

Au départ, je me suis convaincu d'essayer la cocaïne pour le plaisir, pour tenter de comprendre ce que mes copains vivaient. Je consommais souvent durant la fin de semaine. Oui, moi aussi je suis tombé dans le piège!

À Dolbeau, mes parents ne savaient que peu de choses de ma vie à Montréal. Mes frères s'amusaient de ma dégaine délabrée. Pourtant, je savais pertinemment que papa et maman étaient inquiets à mon sujet. Au cours de leurs visites à Montréal, ils avaient pu constater que je ne menais pas une vie exemplaire.

Évidemment, au sein du groupe, les choses ont changé. Au commencement de notre association, après une semaine de travail, une fois les dépenses déduites, il nous restait environ 250 $ à chacun. Cependant, comme je dépensais dorénavant une somme importante pour acheter de la drogue, la paye ne semblait plus être la même. Surtout lorsque mes dépenses de cocaïne sont passées de 50 $ à 75 $, puis à 100 $. En plus, à cela, j'ai lentement pris l'habitude d'ajouter une bière, deux et trois... Nous avions même un crédit ouvert dans les différents bars où nous passions et, à la fin de la semaine, le propriétaire du bar déduisait nos consommations de nos cachets.

Tout cela m'a finalement fait très mal. De semaine en semaine, il me restait de moins en moins d'argent. Je me souviens même d'une semaine au Lac-Saint-Jean où nous avions dû débourser un certain montant à la fin de la semaine pour couvrir le prix de nos consommations. Je me dirigeais droit vers l'abîme, mais je n'y voyais encore rien.

Je n'ai jamais été un très grand consommateur d'alcool ou de drogue — j'étais davantage un «suiveur» —, mais j'étais quand même là. J'y suis demeuré jusqu'au moment où j'ai enfin réalisé que chacun est seul maître de sa destinée. Il me fallait réagir. Je me suis souvent répété que je n'avais pas reçu une si mauvaise éducation. Je trouvais complètement incohérent de briser ma vie ainsi.

Je me faisais peur en croisant les miroirs. J'avais une allure exécrable. Les yeux maquillés, une *clip* attachée à l'oreille, les cheveux très courts avec une petite mèche décolorée sur la nuque. À mon grand désespoir, j'avais aussi repris du poids.

Un jour, après m'être assez dégoûté, je me suis dit: «Assez!» Au cours de cette semaine-là, je n'ai pas dépensé un sou de mon cachet pour mes consommations. Le dimanche soir, j'ai touché un plein salaire, j'en étais très fier. Si fier que j'ai tout dépensé avant le *last-call*.

En quittant le bar, il ne me restait que 10 $ pour défrayer ma part du plein d'essence pour rentrer. Je me suis détesté tout au long du chemin. Sans en douter une seconde, je savais que j'avais agi sans aucune intelligence. J'étais tellement fâché contre moi que ce fut la fin de ces folies. La vraie fin. J'ai décidé de sortir de cet enfer avant que celui-ci ne gère entièrement ma vie. J'ai senti que j'en avais assez, que j'allais enfin revoir la lumière. J'ai pleuré, pleuré et encore pleuré. Je ne pouvais croire que je m'étais fait ainsi avoir, que j'étais descendu si bas. Depuis, je me suis pardonné cet écart. Et si j'ai accepté de le partager, d'en parler, c'est que je crois que l'on peut s'en sortir.

Depuis, on m'a offert de la drogue à plusieurs reprises. Je n'ai même pas besoin de réfléchir un instant avant de répondre: Non.

Cette période m'a rendu si malheureux. Je m'y suis brûlé, et cela sans en retirer rien d'autre qu'une dégoûtante haine de moi. Cette saloperie ne peut nous conduire ailleurs que dans de sombres, très sombres chemins. Pour ne plus voir le jour qui se levait, j'avais littéralement masqué les fenêtres de mon appartement avec du papier brun. Comment ai-je pu agir ainsi?

Quand cette malheureuse conduite a dirigé ma vie, en 1984, j'ai déménagé quatre ou cinq fois. J'ai vécu sur le Plateau Mont-Royal avec deux copains. Là, la voisine m'a tout de suite beaucoup plu, bien qu'elle ne fût pas du tout mon genre. J'ai tout de même emménagé avec elle durant quelques mois, même si nous nous disputions jour et nuit. Danielle consommait d'une façon outrageuse et je n'acceptais pas cela.

Ensuite, je suis parti à Laval, où j'ai partagé un appartement avec Jean-Pierre Périgny, un ex-colocataire du Plateau. Je pouvais m'éloigner un peu de la ville; je possédais désormais une automobile. Papa m'avait donné sa vieille voiture.

C'est à Laval que j'ai connu un nouveau départ en côtoyant de nouveaux amis. Nous habitions tous le même croissant de rue et nous avions beaucoup de plaisir ensemble. Ces amis étaient formés, pour la plupart, de couple avec des enfants. Ils constituaient pour moi un entourage beaucoup plus sain que celui des bars. Leur passage dans ma vie fut des plus bénéfiques, et je garde toujours beaucoup d'affection pour ces personnes. Jean-Pierre et son fils, François,

Carole et ses enfants, Jonathan et Cynthia, Martin, Sylvie, Janie et les membres de leur famille respective sont devenus mes confidents, mes amis et le demeurent toujours même si, aujourd'hui, nos retrouvailles sont plus espacées dans le temps.

J'étais toujours sous contrat avec Guy Cloutier, mais nous n'avions plus aucun projet en commun. En fait, nous avions très peu de contact. J'ai revu Guy à quelques reprises, il se pointait parfois comme ça à l'improviste dans les bars où je me produisais avec *Modern*. Il le faisait très certainement pour m'encourager. Chacune de ces visites me touchait beaucoup. Pourtant, je ressentais comme un malaise lorsqu'il était dans la salle.

Un soir, je l'ai vu entrer dans un bar de l'Est de Montréal avec sa femme, Jojo, et son neveu Jean Pilote. Quand je les ai aperçus, j'ai discrètement fait glisser les bracelets de cuir que je portais au poignet. Si j'avais pu, je me serais coupé ma mèche blonde sur-le-champ. Guy ne me connaissait pas sous cet angle. Je ne tenais pas à ce qu'il me voie comme ça.

Après le succès mitigé du deuxième album, Guy m'avait approché à deux reprises pour que j'enregistre un 45 tours. La première fois, il m'avait offert de chanter en duo avec Chantal Landry. Cette jeune femme avait remporté la palme féminine du concours de Jean Beaulne auquel j'avais participé. La chanson avait pour titre *C'est bon de se revoir*. C'était une traduction d'une chanson enregistrée par Dolly Parton.

C'est bon si bon de se revoir
Juste un moment seul dans le noir...

C'était épouvantablement simpliste et ça n'a jamais abouti nulle part. J'irais même jusqu'à dire que ce 45 tours est devenu une pièce de collection. Pourquoi Guy m'avait-il fait enregistrer ce disque?

Je me le suis demandé longtemps. À ce propos, je pourrais aujourd'hui lui dire en blaguant: «Était-ce parce que tu ne m'aimais plus?» Et nous ririons un bon coup.

Peu de temps avant que mon contrat prenne fin, en 1985, il a récidivé. Cette fois, j'ai enregistré un 45 tours qui avait pour titre *La Chanteuse de rock*. C'était une pièce de Michel Sardou qu'il m'avait déjà entendu chanter dans un bar à Dolbeau. J'ai connu un certain succès avec ce 45 tours.

Quand je me suis présenté pour l'enregistrement, Guy a presque sursauté en me voyant; c'était au moment où mon allure commençait à en prendre un coup. D'ailleurs, lorsque nous avons fait une apparition à la télévision — la seule — pour promouvoir la chanson, il s'est permis de me dire:

— La boucle d'oreille, ça ne passe pas, Mario...

Je l'avais immédiatement retirée. J'ai chanté la chanson à l'émission *R.S.V.P.*, animée par René Simard et *Montréal en direct*, animée par Pierre Marcotte. Dans les coulisses de cette émission, j'ai retrouvé le recherchiste René-Pierre Beaudry. C'est lui qui m'avait donné ma première chance à la télévision alors qu'il faisait partie de l'équipe de Michel Jasmin. Pour m'encourager, René-Pierre m'a demandé de lui laisser mes coordonnées en me disant:

— Si un artiste se désiste au dernier moment, est-ce que je pourrais compter sur toi?

Bien entendu, j'ai répondu par l'affirmative. Je venais de remettre ma vie sur la bonne route. Cette possibilité de faire de la télévision était précieuse pour moi. Cette initiative m'a d'ailleurs permis de participer à quelques reprises à cette populaire émission de Télé-Métropole. Ce qui m'a aussi permis de constater que les choses n'allaient pas si mal dans le fond et de demeurer optimiste.

Peu avant la fin de mon entente contractuelle avec Guy, j'ai rencontré, par son entremise, un responsable de la promotion de la brasserie O'Keefe. À la suite de cette rencontre, M. Quesnel a embauché *Modern*. Nous nous sommes produits tous les samedis soir de l'été 1985 sous un chapiteau au *Beach Party Miller*, à l'Aqua Parc de la Ronde, à Montréal. De plus, ce même été, nous avons décroché un autre contrat fort intéressant. À chaque match des Expos au Stade olympique, nous nous sommes produits près du bar, sous les gradins, durant les entractes et après les parties. C'étaient des engagements rémunérateurs et, à l'occasion, Guy venait nous encourager.

À l'automne, libéré de mon entente avec Guy, j'ai téléphoné à une personne que j'aimais bien. Je croyais qu'elle pouvait m'aider: c'était Anne Renée. Anne ne vivait déjà plus avec René Angelil à ce moment-là. Cependant, elle menait une carrière de chanteuse et avait participé au développement de la carrière de Céline Dion. Je tenais beaucoup à lui parler.

Elle m'a gentiment accueilli dans son condominium de l'Île des Sœurs. Nous avons parlé, entre autres, de l'importance d'une image saine. Elle a ajouté que, pour être une star, il fallait savoir être digne de ce titre, et ce, tous les jours. «Même lorsque l'on sort pour s'acheter un pain», disait-elle.

Cette rencontre m'a convaincu de me prendre véritablement en main. J'ai consulté un médecin et suivi un régime sévère. Vient un jour le moment de décider de notre vie; nous sommes alors seuls à prendre nos décisions. Cette fois, je les avais bien prises. J'ai donc arrêté de fumer pour une seconde fois — j'avais recommencé à fumer depuis quelque temps mais de façon sporadique —, j'ai perdu 25 livres (11 kg). En peu de temps, je me suis refait une santé. J'avais la ferme intention de mettre tous les atouts de mon côté et de réussir à atteindre mes objectifs.

J'ai parcouru les magazines en quête d'une tenue vestimentaire en conformité avec mes nouveaux goûts. J'ai vu, dans la revue *Québec Rock*, un mannequin masculin qui portait un ensemble qui m'a vraiment plu. Les vêtements étaient de la boutique Bora Bora, et les accessoires provenaient du Château; j'ai tout acheté. Lorsque j'ai revêtu le tout pour la première fois, j'ai été ravi de ce que j'ai vu dans le miroir: un jeune homme sain et déterminé. La veste était lamée argent, et le pantalon, noir. Mes cheveux avaient poussé — je portais les cheveux longs, légèrement éclaircis de mèches blondes. Je ne pouvais être plus à la mode. Je me sentais bien ainsi. Il ne me restait plus qu'à décrocher une émission de télévision pour porter mon nouveau costume. À mon grand bonheur, Guy Cloutier m'a appelé quelques jours plus tard pour me proposer une nouvelle participation à *R.S.V.P*: «On rend hommage au chanteur français Alain Barrière. Je me souviens qu'un soir dans un restaurant, tu as chanté sa chanson *Partir*. Pourrais-tu la faire à ce show?» Bien sûr, j'ai accepté d'emblée. *Partir* est une chanson que j'avais souvent chantée en spectacle et plus particulièrement devant ma famille. Elle nous rappelait Johanne.

> *Partir, quitter sa ville, son village,*
> *sa maison*
> *Quitter sa terre, ses racines,*
> *ses chansons*
> *Partir pour un monde meilleur*

Partir, partir le cœur à l'agonie,
le cœur brisé
En infidèle, en clandestin,
en accusé
Partir avant le petit jour...
Cette émission était très importante à mes yeux. Mes parents étaient dans la salle. Les gens me disaient que j'avais l'air bien et en bonne santé. J'ai goûté pleinement chaque minute de bonheur. Quelques jours plus tard, j'ai participé à nouveau à *Montréal en direct*, et, à la suite de cette apparition, le producteur de disques Gilbert Morin m'a contacté. Gilbert Morin connaissait à nouveau énormément de succès, cette fois avec Martine St-Clair. Il m'a approché avec l'idée de me faire signer un contrat. Cependant, nous n'avions pas la même vision des choses, nous ne nous sommes pas entendus.

Cette fois, je ne désirais pas aller trop vite. Je connaissais mieux le milieu, j'avais beaucoup plus d'expérience et de maturité. Et, plus que tout, j'avais retrouvé confiance en moi et en l'avenir. D'ailleurs, cette confiance à mis peu de temps à se matérialiser dans ma vie quotidienne. Quelques jours après cette rencontre avec Gilbert Morin, Pierre Gibeault, le gérant de Claude Valade, m'a appelé à son tour.

Pierre Gibeault m'a dit que l'on s'était rencontrés sur le plateau de *R.S.V.P.* une semaine plus tôt. Comme j'étais très nerveux ce jour-là, et pour cause, cette rencontre n'avait laissé qu'un vague souvenir dans mon esprit. Le recherchiste René-Pierre Beaudry, qui fréquentait alors celle qui allait devenir son épouse, la chanteuse Claude Valade, m'avait bel et bien présenté Pierre Gibeault et son associé chinois, Antony Ng. Ils agissaient comme imprésarios de Claude. Au téléphone, Pierre Gibeault m'a parlé d'une audition pour une publicité à la télé pour une marque de jeans. L'idée m'a plu, et nous avons convenu d'un rendez-vous à la Place Bonaventure, quelques jours plus tard.

En me rendant à ce rendez-vous, j'ai éprouvé toutes sortes de pépins avec ma voiture, un vrai cauchemar: elle s'arrêtait à tous les coins de rues. Je ne pouvais le croire et surtout, je ne pouvais croire que j'allais devoir raconter cette histoire à M. Gibeault pour justifier mon retard.

Dans le centre-ville, à quelques rues de la Place Bonaventure, la voiture s'est arrêtée à nouveau et plus moyen de la faire repartir cette fois. Je me suis finalement décidé de sortir pour aller jeter un coup d'œil sous le capot. J'ai joué un peu avec les bougies et l'injection. Elle est repartie. En descendant de la voiture dans le stationnement de la Place Bona- venture, je n'étais pas fier: «Il ne sera plus là... J'ai plus d'une demi-heure de retard», me disais-je con- tinuellement en me hâtant vers le lieu de rendez- vous. Il s'en est fallu de peu pour que ce soit le cas. J'ai croisé Pierre Gibeault dans un couloir; il s'en allait. En m'apercevant, j'ai entendu son associé Anthony Ng lui murmurer:

— Regarde, il arrive. Je t'avais dit qu'il viendrait.

Après les salutations et des explications confuses justifiant mon retard, nous nous sommes dirigés vers un petit salon. Pierre Gibeault m'a expliqué la nature du travail qu'il entendait me proposer.

— Tu vois, on tourne une réclame publicitaire. Dans la publicité, il y a une chanson. Nous l'avons entendue en France et en avons acquis les droits pour le Canada. Elle s'intitule *J'ai le blues de toi*. Histoire de faire un jeu de mot, la campagne publicitaire sera placée sous le thème: *J'ai le blue jeans de toi*. Nous aimerions que tu interprètes cette chanson.

Le concept m'a tout de suite emballé, d'autant plus qu'il me donnait une certaine visibilité. J'allais participer à quelques séquences du tournage. Pierre Gibeault et Anthony Ng m'ont donc remis une copie du 33 tours français. Nous avons convenu de nous revoir quelques jours plus tard. De retour chez moi, je n'ai pas arrêté de faire tourner le disque. J'adorais la chanson, ce qui m'a d'ailleurs permis d'en découvrir le compositeur-interprète, Gilbert Montagné qui, plus tard, deviendra un ami.

La seconde rencontre entre Pierre Gibeault et moi eut lieu chez Pierre, à l'Île des Sœurs. C'est d'ailleurs au cours de cette visite que j'ai réalisé que Pierre et Anthony formaient un couple homosexuel. Dans leur bureau, j'ai aperçu une photographie; ils étaient très près l'un de l'autre, joue contre joue, en fait. Cela, de même que l'attitude qu'ils entretenaient l'un envers l'autre, m'a permis d'établir le lien qui existait entre eux, sans pour autant avoir d'arrière-pensées. Je n'ai jamais eu de réticences ou de préjugés à l'endroit de l'homosexualité. D'ailleurs, j'ai horreur des préjugés quels qu'ils soient. Toute ma vie, je me suis fait un devoir de respecter tous et chacun dans la mesure où les autres savent être respectueux à mon égard.

Malgré tout, on parle souvent trop vite, sans réfléchir. Lorsque j'ai réalisé que Pierre et Tony étaient gais, la conversation que nous avions tenue à notre première rencontre à la Place Bonaventure m'a aussitôt préoccupé. Nous avions abordé la question des pièges du milieu artistique, des producteurs irrespectueux; je leur ai d'ailleurs fait mes excuses:

— Excusez-moi, les gars, mais je ne savais pas. J'espère que je n'ai rien dit d'offensant...

Pierre m'a aussitôt répondu:

— Voyons, Mario. Ne sois pas inquiet.

Puis, nous avons discuté un peu de la relation qu'ils entretenaient entre eux. Au cours de la conversation, j'ai appris qu'ils partageaient leur vie depuis près de vingt ans. Pierre et Anthony, que j'ai vite pris l'habitude d'appeler Tony comme tout le monde, étaient avant tout des décorateurs. Ils partageaient une même passion pour le show-business. Cette passion les avait conduits à produire, quelques années plus tôt, une comédie musicale intitulée *Viva! Viva!* et finalement à gérer la carrière de Claude Valade.

Claude avait fait la connaissance de Pierre et Tony alors qu'ils étaient à l'emploi du prestigieux magasin de meubles Valiquette, sur la rue Sainte-Catherine, à Montréal. Dans le monde du design, les deux hommes jouissaient d'une réputation fort enviable. Ils avaient, entre autres, décoré les appartements de la Reine Elizabeth Il pour ses longs séjours à Toronto. Ils avaient aussi travaillé pour le roi et la reine de Belgique. Ils avaient vécu à Ottawa, et dirigé une succursale du grand magasin de meubles Roche-Bobois. À cette époque, ils s'étaient liés d'amitié avec Margaret Trudeau, l'ex-épouse du Premier ministre Pierre Elliott Trudeau, tout en réalisant plusieurs travaux de décoration pour elle.

Solide, Pierre était un homme chaleureux. Originaire de Lachute, il avait toutefois beaucoup souffert de l'insécurité financière de ses parents durant son enfance. Non pas qu'il fut élevé pauvrement; mais il m'avait raconté un jour, combien l'attitude d'amis issus de familles plus fortunées à son égard l'avait marqué. Ainsi, dès qu'il avait pu voler de ses propres ailes, il s'était fait un devoir d'acquérir les notions nécessaires pour assurer sa réussite sociale. Dans le monde de la décoration et du design, il était parvenu à ce but grâce à Tony.

Tony, lui, m'impressionnait beaucoup. Il avait une culture si différente de la nôtre, étant d'origine chinoise. Il avait grandi à Hong-Kong dans une richissime famille où il avait quatre bonnes à son service. Des études en théâtre entreprises à l'Université Concordia avaient conduit Tony à Montréal. Sa rencontre avec Pierre lui avait fait adopté le Québec comme seconde patrie. Tony était quelqu'un de très intelligent. L'intérieur du condominium de l'Île des Sœurs révélait, dans toute sa splendeur, le talent de Pierre et Tony en matière de décoration. Assis au salon, nous avons d'abord parlé du spot publicitaire.

— Le projet ne semble pas vouloir se concrétiser, m'avaient-ils dit. Mais, de toutes façons, nous préférions te voir refuser cette offre...

Je ne comprenais pas bien cette approche jusqu'à ce qu'ils me proposent une autre association. Ils désiraient gérer ma carrière. Comme je ressentais le potentiel de ces deux hommes, le potentiel nécessaire, je me suis montré ouvert à la négociation. J'ai pu me rendre compte de leur détermination, de leur intérêt évident. Avec intelligence, ils m'ont proposé l'ébauche d'un plan de carrière et d'une image bien définie. Les premières chansons qu'ils m'ont fait entendre m'ont tout de suite plu. Il y avait, dans le son qu'ils me proposaient, une recherche et une direction que je désirais moi-même adopter. Leur proposition répondait à mes attentes. Pour la première fois, on semblait miser sur moi avec le sérieux que je recherchais.

Ainsi, le 18 mars 1986, Pierre et Tony m'ont proposé d'apposer ma signature au bas d'un contrat qu'ils avaient déjà en main. C'était la formule, quelque peu remaniée, d'un contrat élaboré pour Margaret Trudeau alors qu'elle avait tourné un film quelques années plus tôt. Deux semaines plus tard, j'ai participé à nouveau à l'émission *R.S.V.P.* Tout de blanc vêtu cette fois, j'ai chanté *Laisse-moi t'aimer*, de Mike Brant alors que Pierre Gibeault et Anthony Ng étaient en coulisses. Ils exerçaient pour la première fois leur rôle d'imprésarios.

Chapitre 8

UN CHOIX DE VIE

Le travail réalisé sur les deux albums précédents me permettait de croire que je connaissais mon métier. J'étais alors à l'école, comme on dit. J'apprenais ce qu'est une chanson, un arrangement musical et comment faire de la promotion. Avec l'arrivée de Pierre et Tony dans ma vie, je dressais, pour la première fois, un plan de carrière.

Pierre avait entendu parler d'une nouvelle maison de disques qui aurait bientôt pignon sur rue à Montréal, sur la rue Sainte-Catherine plus précisément. La nouvelle maison devait se démarquer et permettre à la chanson francophone d'ici de prendre la place qui lui revenait. D'ailleurs, les Rivard, Piché, Séguin, Flynn, entre autres, seront les premiers à figurer sur cette étiquette baptisée Audiogram.

Selon Pierre, il ne manquait alors à cette écurie qu'un chanteur populaire. Après plusieurs rencontres avec Michel Bélanger, président de la maison, une entente fut parafée entre Cogian et Audiogram. Aussitôt, on a élaboré les plans pour l'enregistrement d'un premier 45 tours: *J'ai le blues de toi*. C'était la première fois que je sentais une chanson me coller si bien à la peau en studio.

Et j'ai le blues de toi...
De tes silences tendres et de ta voix

Oui j'ai le blues de toi
Sans qui j'ai tant de mal à être moi
J'avais envie de faire mon ciel
dans ton enfer
Ça me rend fou je crois
Le blues de toi...

Pour m'aider à joindre les deux bouts, même si l'avenir s'annonçait prometteur, dès le début de l'été, Pierre m'a décroché un contrat à La Ronde, à Montréal. Mes deux copains de Modern, plus un batteur et un bassiste, m'ont accompagné sur une petite scène du Village québécois, et ce, tout l'été. Le public s'est fait des plus chaleureux. À la fin de cet engagement, Pierre et Tony devaient me suggérer très fortement d'abandonner Modern, et je compris très bien pourquoi: ils avaient d'autres visées, bien sûr.

Cogian, la compagnie de production fondée par mes nouveaux gérants, allait produire un premier disque et nous avons donc entamé la recherche de chansons supplémentaires pour me construire un répertoire. Dans ce but, le compositeur René Grignon nous a mis en contact avec le grand parolier français Eddy Marnay. Après ce premier échange, Eddy a reçu ma voix sur cassette et, pour notre plus grand bonheur, il a démontré un grand intérêt pour une collaboration future. Une première rencontre fut donc décidée.

Rencontrer Eddy Marnay était déjà la concrétisation d'un rêve. Penser qu'il désirait écrire pour moi était presque inimaginable. Ce projet me permettait de croire que mon intuition envers Pierre et Tony ne m'avait pas trompé. Ils désiraient vraiment faire les choses en grand. C'est moi qui suis allé attendre Eddy Marnay à la porte de sa résidence montréalaise. J'ai pris une profonde inspiration avant de sonner à sa porte et de l'avertir que je l'attendais. Quand il m'a rejoint dans la voiture, nous nous sommes présentés l'un à l'autre. Il m'est aussitôt apparu comme un homme des plus gentils et très humble. D'emblée, je lui ai parlé de ma nervosité et du fait que j'étais impressionné de le rencontrer. Comme je l'avais présagé, la tension s'est aussitôt dissipée. C'était un dimanche, nous nous sommes rendus à l'hôtel De la Montagne, où nous avons discuté en compagnie de Pierre et Tony tout en dégustant un brunch délicieux. Eddy a beaucoup apprécié et, au terme de cette rencontre, il nous a affirmé qu'il allait écrire pour nous.

Durant l'élaboration de l'album, j'ai déménagé pour une septième ou huitième fois, je ne sais plus exactement. J'avais quitté depuis un moment mon croissant de rue à Laval pour un nouvel appartement sur la rue Ampère, à quelques pas de là. Toutefois, le loyer était assez élevé, et puis je possédais aussi une nouvelle voiture, une petite Renault pas toute neuve mais en état, j'avais donc d'importants paiements à effectuer mais très peu de revenus. Pierre et Tony m'ont donc fait une proposition intéressante. Ils quittaient bientôt leur condominium pour emménager dans une grande maison à Westmount; ils m'ont proposé de m'y héberger et j'ai accepté.

Dans cette grande maison de plusieurs étages, j'allais habiter les quartiers anciennement dévolus à la bonne. Un petit escalier dans la cuisine conduisait à ces appartements, deux étages plus hauts. Pierre et Tony emménageaient dans cette maison pour une longue période. Ils avaient été mandatés par son propriétaire pour y diriger des rénovations majeures de la cave au grenier et, enfin, en assurer la vente, une fois le tout rénové.

Pierre et Tony ont aussi accepté de me verser un petit salaire hebdomadaire. Comme je n'avais plus de logement ni d'épicerie à payer, ce montant me permettait de conserver ma voiture et de m'accorder quelques fantaisies par ci par là.

Bien sûr, il m'est arrivé d'entendre mille et une rumeurs circuler dans le milieu parce ce que j'habitais sous le même toit que mes agents. Mais, tout cela me passait mille pieds par-dessus la tête. Je connaissais la nature de notre relation: elle était précise, claire et surtout, remplie de respect.

Entre les moments consacrés à la direction de ma carrière, Pierre et Tony s'assuraient donc de la rénovation de la maison. D'ailleurs, c'est avec plaisir que j'ai prêté main forte aux ouvriers à plusieurs occasions. J'aimais beaucoup mettre la main à la pâte. Ces travaux me rappelaient les merveilleux moments passés avec mon père sur les chantiers qu'il gérait lorsque j'étais plus jeune.

Pierre et Tony ont fait de cette maison un véritable château, digne du plus chic quartier de Montréal. Seul ce qu'il y avait de plus beau y avait droit de cité et, malgré son prix exorbitant, elle fut rapidement vendue. Ils se sont donc acheté une demeure sur la Rive-Sud de Montréal, à Saint-Lambert. Comme la maison avait plusieurs pièces au sous-sol, j'ai habité ces lieux. Notre entente préalable s'est ainsi poursuivie.

Durant les Fêtes de 1986, je me suis, bien sûr, rendu dans ma famille, à Dolbeau. Entre Noël et le jour de l'An, l'auteur-compositeur Angelo Finaldi a communiqué avec moi. Mes agents lui avaient donné mes coordonnées puisque nous avions manifesté le désir de collaborer avec lui lors d'une réunion précédente.

Après un brin de causette, nous avons convenu de nous rencontrer, une fois la période des Fêtes passée. En janvier, Angelo m'a fait entendre la chanson *L'Otage*. J'ai tout de suite eu le coup de foudre pour cette pièce.

Je suis l'otage
De l'amour
Ne me délivre pas
Surtout ne t'en va pas
Laisse-moi te faire encore rêver
Laisse-moi t'aimer, le temps
D'apprivoiser la nuit
Ne me laisse plus seul jamais plus
seul...

Dès que mes imprésarios l'ont entendue, ils sont tombés d'accord pour qu'on la mette sur l'album. Ainsi, Angelo est devenu un précieux collaborateur dans la conception de ce disque. Il a participé à la création de la plupart des musiques. Pour moi, ce disque demeurera important à jamais. Il contient les premières paroles que j'ai écrites à être gravées dans le vinyle. Il s'agit des chansons *Si tu veux*, *Ailleurs*, *Reste là* et *Parfum d'adieu*, cette dernière cosignée par Marc Courtemanche. La préproduction de l'album s'est faite à la maison de Saint-Lambert, que Pierre avait équipée d'un studio assez complet. Angelo Finaldi, Johnny Hagopian et Michel Lefrançois ont supervisé la majeure partie des opérations. Ils ont eu droit à toute ma confiance.

Pendant ces longs mois de travail, je devais me présenter régulièrement en studio. Cependant, je bénéficiais aussi de beaucoup de temps libre. À 24 ans, c'était intéressant de ne pas avoir d'appartement à payer, mais plutôt ennuyeux de vivre seulement avec quelque cent dollars par semaine. J'ai donc pris la décision de travailler pour une connaissance de Terrebonne. Il œuvrait dans l'excavation.

Cet homme me faisait grandement confiance. De plus, il acceptait que je m'absente du travail quand on me réclamait en studio. Je travaillais fort, mais j'aimais beaucoup cela. L'installation de système de fosses septiques pour des maisons neuves était notre principale occupation. Il m'arrivait aussi d'effectuer des travaux de pavages, de terrassement et d'aménagement paysager. Je conduisais aussi des camions pour aller chercher des matériaux.

Sur le chantier, je me sentais quelqu'un d'autre. On commençait très tôt le matin, et, le soir venu, je me couchais épuisé mais fier du travail accompli. C'était presque une fatigue régénératrice. Il arrivait, quelquefois, que des clients me reconnaissent et me demandent ahuris: «Êtes-vous le chanteur qu'on a déjà vu à la télévision?» Lorsque je répondais que c'était bien moi, ils étaient toujours fiers de me voir mais intrigués à la fois. «Qu'est-ce qu'il peut bien faire là, à pelleter de la pierre concassée?» devaient-ils se demander.

Pierre et Tony ne comprenaient pas très bien ma démarche non plus, mais, pour moi, ce travail importait beaucoup. Comme on dit par chez nous, ça me «dégaçait», ça me libérait l'esprit, si l'on veut. Cet emploi me permettait, entre autres, d'être plus indépendant face à mes agents, même si j'appréciais la générosité dont ils faisaient preuve. Il leur arrivait cependant d'exercer un certain contrôle sur ma vie qui m'embêtait.

Lorsque je travaillais à Terrebonne, je couchais la plupart du temps chez des membres de ma famille de la région. J'appréciais cette liberté. Bien qu'ayant accepté leur offre d'hébergement, Pierre et Tony se devaient de comprendre que je demeurais entièrement libre de mes allées et venues.

Je peux dire aujourd'hui que, durant ces mois de travail, j'ai en quelque sorte déversé un trop-plein d'émotions accumulées au cours des années précédentes. Un peu comme à l'époque où, une masse dans les mains, j'ai démoli des murs dans un édifice d'Outremont. Puis, sur le chantier, l'odeur du bois, des matériaux neufs, était une seconde nature chez moi. Les racines, quoi.

J'ai gardé ce travail jusqu'à la sortie du disque en 1988. Après, Raynald Malenfant, mon patron, m'a rappelé à plusieurs reprises. Il me disait que les gars s'ennuyaient de moi. Il désirait que je travaille encore pour lui à l'occasion. Il me disait: «Mario, ton camion t'attend quand tu veux.» Je devais finalement y retourner quelquefois après la sortie de l'album.

Avant la sortie du disque, Pierre et Tony m'ont proposé d'adopter une nouvelle image, un style que j'allais conserver aux cours des années suivantes. Pour ce faire, ils se sont assuré les services de leur amie Suzanne Colello. Ex-mannequin, Suzanne assurait alors la direction du magazine *Allure*, tout en demeurant styliste à ses heures. C'est ainsi que je me suis rendu pour la première fois à la résidence de Suzanne et Rocky Colello, son époux, dans le nord de la ville.

Sur les conseils d'un coiffeur, également présent, la décision fut prise de me couper les cheveux. J'allais dorénavant porter les cheveux courts sur la nuque et plus longs sur le dessus du crâne, avec une mèche tombant sur le front. Tout le monde, y compris moi, s'est montré enchanté du résultat. Dès ce jour, Suzanne Colello est devenue une collaboratrice de tous les instants en définissant l'image que j'allais offrir. N'eût été de Suzanne, je crois que je porterais toujours les jeans de mes 17 ans, quand je suis arrivé à Montréal. En suivant les conseils d'une femme accomplie comme Suzanne, j'ai découvert véritablement l'importance de bien se vêtir pour être bien dans sa peau. J'ai, dès lors, développé mes goûts personnels en matière de tenue vestimentaire.

Le lancement de l'album éponyme *Mario Pelchat*, sur étiquette Audiogram, a eu lieu au restaurant *Le Boulevard*, rue Saint-Laurent, le 25 mai 1988. Toute la colonie artistique était présente. J'ai interprété quelques chansons tirées du disque durant le cocktail. J'étais très sollicité par la presse artistique, je n'arrêtais pas de lancer des salutations ici et là. Mes parents, des membres de ma famille et Guy Cloutier étaient de la fête. Dans cette cohue, je me réjouissais de voir que quelque chose de bien structuré s'érigeait autour de moi. Plutôt qu'un retour, ce lancement a marqué pour moi un vrai départ.

À la suite de ce lancement, j'ai été reçu dans toutes les émissions de télévision tandis que le premier extrait du disque s'est mis à tourner dans les stations de radio. Je sentais très bien que les choses démarraient. Je suis même devenu l'interprète de la chanson de la semaine au réseau Radiomutuel, sur les ondes du défunt CJMS.

On me remettait un enregistrement de la chanson sélectionnée par la direction le vendredi. Le lundi suivant, je la chantais en direct dans le cadre du *Radio Café Provigo*, qu'animait alors Patrice L'Écuyer. Plus tard, Benoît Marleau, Andrée Boucher et même Michel Jasmin se mirent à la barre de cette émission. Je me souviens, entre autres, de la semaine où *Hélène*, créée par Roch Voisine, fut la chanson de la semaine. Roch en était à ses débuts, et peu de gens croyaient en l'avenir de cette chanson. Ce matin-là, je l'ai chantée alors que Roch était en ligne, au téléphone.

Le *Radio Café Provigo* était une émission de radio très écoutée et elle a aussi contribué à me faire connaître. D'autant plus qu'après un certain temps on m'a engagé pour chanter une chanson tous les jours. Et, un peu plus tard, on me demandait de demeurer au micro pour toute la durée de l'émission. Je garde de bons souvenirs de cette période où l'on s'est beaucoup amusés.

Quand je remplissais des contrats semblables, mes cachets étaient plus élevés. Le salaire hebdomadaire que me remettaient donc mes imprésarios augmentait en conséquence. J'étais très heureux de la tournure des événements. Cependant, en même temps, je développais lentement certaines craintes au sujet de Pierre et Tony. Malgré quelques mises en garde, de plus en plus souvent, ils se permettaient certains commentaires sur mes choix et ma façon de vivre.

Ils avaient toujours quelque chose à redire sur ma façon de me vêtir, même lorsque je n'évoluais pas sous les projecteurs. En fait, ils allaient s'ingérer beaucoup plus que ça dans ma vie privée. Ce n'était que la pointe de l'iceberg. J'aurais dû tout de suite mettre les holà! plus fermement, définir la ligne professionnelle à adopter et les barrières à respecter concernant ma vie privée. Mais je ne voulais froisser personne. Je craignais alors que Pierre et Tony ne veulent plus s'occuper de moi si nous nous arrêtions sur ce terrain glissant. J'ai préféré croire que les choses allaient s'arranger d'elles-mêmes. Cet empiètement sur ma vie a rapidement pris des proportions démesurées. Pierre et Tony ont appris que je lisais la Bible, et ils se sont aussitôt montrés très inquiets. Ils voyaient cela d'un mauvais œil.

Pourtant, sans en être un fanatique, j'y trouvais des principes de vie qui me touchaient et que je tenais à appliquer dans mon quotidien.

La première fois que j'ai ouvert la Bible, en dehors d'un cours d'enseignement religieux, j'étais encore adolescent. Des années plus tard, au cours d'un passage au Lac-Saint-Jean, chez Jean-Guy Gauthier, la Bible est réapparue dans ma vie. Nous écoutions deux chansons que Jean-Guy avait écrites pour moi, pour mon deuxième album, avec Guy Cloutier. Sylvie, son ex-compagne, avec qui il maintenait toujours une bonne relation, est arrivée. Elle venait d'assister à une étude biblique — Sylvie faisait partie de l'Église chrétienne évangélique —, et tout bonnement, nous nous sommes mis à parler de sa soirée. Sylvie semblait si heureuse, si rayonnante, cela m'a poussé à ouvrir à nouveau la Bible.

Le dimanche soir qui a suivi cette conversation, Jean-Guy et moi avons assisté à une rencontre à l'église que fréquentait Sylvie. C'était dans un local de Dolbeau. Une quarantaine de personnes s'y étaient réunies. Pendant la soirée, l'animateur a demandé s'il y avait dans la salle de nouvelles personnes prêtes à accepter Dieu dans leur cœur. Comme j'admirais beaucoup Jean-Guy et qu'il s'était avancé, j'ai fait de même. Tout cela me paraissait un peu bizarre; ça ne passait pas. Au fond, qui ne désire pas plaire à Dieu? Il était presque trop évident à mes yeux que nous allions répondre oui. J'associais ces agissements émotionnels à une forme d'euphorie passagère. Le zèle ardent pour recruter des adeptes et tenter d'imposer ses idées m'a toujours fait peur. Je ne laisserais personne me tirer par ma manche de chemise pour me dire: «Viens avec nous! Suis la bonne voie.»

Non, non et non!

Dès que j'ai ressenti cet engouement, cette euphorie inexplicable, j'ai débarqué. Je ne veux pas juger cette appartenance religieuse parce qu'il est vrai qu'il existe en son sein une étude sincère de la Bible. Ces membres ont le désir de faire le bien, mais, si cela convient à certaines personnes, j'ai vite réalisé que ce n'était pas pour moi. J'en fus convaincu dès cette première rencontre.

De retour à Montréal, ma recherche pour mieux comprendre l'enseignement de la Bible m'a conduit dans une petite église baptiste. C'était à l'époque où je portais les cheveux courts, une petite mèche blonde et que je me dessinais une ligne noire sous les yeux pour être *in*. J'ai constaté qu'on me regardait curieusement, comme si on se disait: «D'où sort-il celui-là? Que fait-il durant la semaine?» J'ai cessé d'y aller. Pourtant, je m'y rendais avec des intentions pures. Cependant, je sentais qu'on me jugeait par mon accoutrement alors que j'avais le désir de bien faire. Ne dit-on pas, «l'habit ne fait pas le moine...»

Malgré cela, je considérais toujours la Bible comme un beau livre à explorer et combien mystérieux. Tout en étant le livre le plus lu, le plus vendu, le plus répandu sur la planète, il est le plus mal compris, le plus galvaudé. C'est si paradoxal quand on pense qu'il n'y a qu'un Dieu et autant de dénominations religieuses. Dieu ne peut être divisé entre catholiques, anglicans, protestants, témoins de Jéhovah, etc. C'est si difficile à comprendre et c'est précisément ce qui m'a conduit à poursuivre une lecture habitée de la Bible.

Quelques années plus tard, j'ai revu Jean-Guy. Il avait cessé de fréquenter l'église de son ex-compagne. Mais il m'a dit avoir aussi conservé une certaine attirance pour les Saintes Écritures. Il m'a alors remis une revue: *La Bonne Nouvelle du monde à venir*. En couverture, il était question de prophéties. Après l'avoir consultée, j'ai appris d'intéressantes notions sur ces faits toujours passionnants. J'ai alors manifesté le désir d'en savoir davantage sur cette publication que j'avais appréciée. J'ai placé une commande pour recevoir d'autres numéros. Ceux-ci abordaient différents thèmes tels la fête de Noël, Qui est Dieu? Que signifie l'Évangile? Qu'est-ce que la science ignore à propos de l'esprit humain? ou la vie après la vie. Chacun de ces sujets était étayé par des passages bibliques tout en ne faisant pas abstraction de l'actualité et en ne détournant nullement le sens des Écritures. On sait tous qu'il est possible de leur faire dire ce que l'on veut. C'était donc une lecture touchant des questions auxquelles tout le monde peut s'intéresser. La revue était chapeautée par l'Église universelle de Dieu.

C'est précisément lorsque ces numéros sont entrés que Pierre et Tony ont réagi. Ils en avaient pris conscience puisque ces envois parvenaient à leur boîte aux lettres, nous habitions à la même adresse. Il arrivait alors que mes agents jettent tout simplement ces revues à la poubelle. Pourtant, je ne faisais de mal à personne, je n'imposais rien à personne en ayant ces lectures qui constituaient l'un de mes passe-temps. Je ne me suis jamais permis de dicter quelque conduite que ce soit à Pierre ou à Tony. Je leur disais simplement:

«Vous n'êtes pas corrects de réagir ainsi, les gars», lorsqu'ils interceptaient mon courrier.

Dès qu'un individu prend la décision de lire la Bible, son entourage est souvent poussé à pointer, sans raison, un doigt accusateur sur celui-ci. Pourquoi?

Finalement, pour avoir droit au respect de mon intimité, j'ai dû faire parvenir mon courrier à l'adresse d'une amie. Cela a apaisé les tensions, un certain moment. Cependant, quelques semaines plus tard, quand j'ai reçu une amie du Lac-Saint-Jean dans la maison de Saint-Lambert, Pierre et Tony devaient dépasser les normes du respect. Ces derniers ont trahi l'intimité de ma copine en feuilletant son journal intime en notre absence. Je l'ai appris lorsqu'ils ont fait état d'un événement qui n'impliquait qu'elle et moi. Cet événement était relaté dans le petit journal. Je n'ai pu accepter cela. À la suite de cet incident, j'ai pris la décision de déménager.

À leur insu, à l'été de 1986, j'ai déniché un appartement dans le quartier de Saint-Vincent-de-Paul, à Laval, et, un après-midi où ils étaient absents, des copains m'ont aidé à transporter quelques meubles et effets personnels. Quelques jours plus tard, je leur ai expliqué que je désirais vivre dans mes affaires, que j'étais assez vieux pour ne plus avoir de comptes à rendre à personne. Ils trouvaient, bien sûr, curieux que je sois parti en catimini mais, encore une fois, nous évitions ce genre de discussions. Ils ont été froissés un moment puis les choses se sont tassées. Nous nous en sommes davantage tenus à des rapports professionnels. Ce que j'avais toujours privilégié, de toute façon. Côté chanson, *L'Otage* était le plus récent extrait de l'album et semblait vouloir connaître un franc succès.

Au fil des mois, j'ai appris aussi à connaître mes agents. Tony se révélait très dominateur. Pierre se soumettait beaucoup, avait peu d'opinions même s'il démontrait davantage de sentiments. Il m'avait avoué, à l'insu de Tony bien évidemment, qu'il comprenait bien mon besoin d'autonomie et mon déménagement soudain. Pourtant, d'un point de vue extérieur, beaucoup de monde croyait que Pierre menait la barque. Cela est dû, fort probablement, au fait qu'il avait beaucoup d'entregent. Pierre aimait les gens et adorait échanger avec eux. Tony était beaucoup plus retiré et plus discret en public. Dans une bonne forme physique, Pierre était aussi beaucoup plus imposant que Tony, ce qui rendait peut-être, en apparence, Tony plus vulnérable.

Septembre 1988. J'étais revenu sur un chantier avec Raynald Malenfant — il m'avait rappelé pour quelques jours de travail. Le téléphone cellulaire du camion fit entendre un appel. J'ai répondu. Pierre Gibeault m'apprenait que j'avais été choisi pour interpréter le pot-pourri des chansons dans la catégorie auteur-compositeur de l'année, au *Gala de l'ADISQ*. La nouvelle m'avait grandement réjoui et m'avait permis de croire que je ne faisais tout de même pas fausse route en accordant toujours ma confiance à Pierre et à Tony pour ma carrière. C'était d'autant plus excitant que le gala approchait à grands pas: il se tenait le mois suivant à la salle Wilfrid-Pelletier de la Place des Arts de Montréal.

Le pot-pourri comprenait cinq chansons: *L'Ennemi* et *Possession*, de Pierre Flynn; *L'Ange vagabond,* de Richard Séguin; *Au cœur du désert* de Martine St-Clair et *Un peu d'innocence*, de Daniel Deshaime. J'ai longuement répété ce numéro sous la direction de Daniel Mercure. Comme il y avait très longtemps que je faisais de la scène, mes imprésarios intervenaient très peu quand il s'agissait de mettre un numéro sur pied.

En ce qui concerne la voix, la prestance et la présence scénique, ils m'accordaient leur entière confiance. À l'occasion, Tony émettait quelques commentaires, toujours constructifs. Quant à ma tenue vestimentaire, Suzanne Colello y voyait toujours. Ce soir-là, j'allais porter chemise blanche, nœud papillon et smoking noir.

Malgré les nombreuses répétitions, cela ne m'a pas empêché de me sentir extrêmement nerveux jusqu'à la tenue du gala. Tellement nerveux qu'en révisant mon pot-pourri mentalement, en faisant les cent pas dans les coulisses, j'ai paniqué. J'ai réalisé soudainement que je ne me souvenais plus de toute une phrase d'une des chansons de Flynn. J'avais beau tout revoir, cette phrase ne me revenait plus. Je me souviens même d'avoir cherché Pierre Flynn du regard pour lui demander les paroles en question, mais il n'était pas dans les parages.

Quand j'ai pris place derrière le rideau, j'étais paniqué. Puis, en moins de deux, Jean-Pierre Ferland m'a présenté, et le rideau s'est levé. Durant ma prestation, j'ai eu droit à deux surprises de taille. Pour atténuer ma nervosité, je me répétais depuis plusieurs jours que ce ne serait pas si énervant, qu'en raison de la noirceur qui règne dans une salle de spectacle, je ne verrais personne. Eh bien! parce que le spectacle était télédiffusé la salle était si illuminée que je pouvais reconnaître chaque star des premières rangées. Elles semblaient toutes me fixer droit dans les yeux. Enfin, quand est arrivé le moment fatidique dans la chanson de Pierre Flynn, j'ai eu droit à ma seconde surprise. Les paroles dont je n'arrivais pas à me rappeler sont sorties de ma bouche comme par miracle. Ouf!

Ce fut finalement une superbe expérience. En sortant de scène, j'ai rencontré Michel Rivard, et il m'a dit: «Tu sais, tu m'as eu, toi. Bravo!»

Ce commentaire et ceux qui ont suivi le gala lors de la réception au Métropolis m'ont permis de croire que tout l'énervement ressenti plus tôt en avait valu la chandelle. J'étais très heureux de cette prestation qui fut, en fait, le premier tournant important de ma carrière, face au public et à l'industrie.

Après le gala, l'important producteur Jean-Claude L'Espérance a contacté mes agents. Il avait déjà fait une offre intéressante à Pierre et à Tony. Ces derniers me l'avaient envoyé pour la réponse. Jean-Claude L'Espérance m'offrait de présenter un spectacle solo à la Place des Arts au début du mois de mars. «J'ai une option sur la salle Maisonneuve pour quatre ou cinq soirs», m'a-t-il dit.

Après quelques moments de discussion, j'ai décliné l'offre. Pierre et Tony me l'avaient envoyé parce qu'il savait fort bien que je ne voulais pas travailler le vendredi soir. Ils ne désiraient pas intervenir sur ce point. Depuis plusieurs années maintenant, je respecte le sabbat comme la religion juive le prescrit, comme les juifs le font depuis nombre d'années, mais, avant tout, comme la Bible l'enseigne. Le sabbat s'étend du coucher du soleil le vendredi jusqu'au coucher du soleil le samedi, soit durant le septième jour.

Des dix commandements, quatre se rapportent à l'adoration de Dieu et six, au comportement interpersonnel, entre les humains. Le quatrième de la première série dit: «Tu respecteras le septième jour, jour du repos.» Or, à l'encontre de la croyance populaire, le septième jour n'est point dimanche mais bien samedi qui provient d'ailleurs du mot latin *sabbati dies:* ce qui signifie «jour du sabbat». Même si, depuis quelques années, certains dictionnaires ont adapté la définition de ce mot et annoncent que samedi est devenu le sixième jour et que le dimanche est le septième.

Je respecte cet engagement, non pas parce que j'ai des origines juives, mais bien parce que je crois sincèrement que Dieu ne fait abstraction de personne dans ses commandements. Je crois que tous les êtres humains sont concernés par sa parole. Dans la Bible, on trouve, en plusieurs endroits, la preuve que Jésus-Christ respectait le sabbat. Certains diront que cette loi a été abolie lorsque le Christ est mort sur la croix, mais il s'avère que c'est complètement faux. Par sa mort, Il a aboli certains rites. Par exemple, les sacrifices perpétuels (dont fait mention l'Ancien Testament), Il est Lui-même le sacrifice ultime pour la rémission des péchés. C'est d'ailleurs pourquoi on dit: «L'agneau de Dieu qui enlève le péché du monde.» Il a été, en quelque sorte, l'ultime agneau consacré; celui qu'on immolait le soir de la Pâque. Mais il est faux de croire que, par sa mort, le Christ a aboli le sabbat. Au contraire, Il l'a accompli.

Dans mon engagement personnel de respecter le sabbat, il m'est donc apparu primordial que j'en saisisse tout le sens. C'est pourquoi je me suis questionné sur son origine et sur le fait que surtout les juifs respectent toujours le sabbat. Mes lectures sur les origines des peuples m'ont donné la réponse.

Ceci dit, je ne veux évangéliser ou endoctriner qui que ce soit. Je tiens simplement à exprimer ce que ma recherche personnelle m'a apporté sur le plan de mes connaissances. Ainsi, à partir du moment où j'ai acquis cette connaissance, ces énoncés ont commencé à faire leur effet sur ma conscience. Par désir de plaire à Dieu, j'ai donc pris la décision de respecter le sabbat avec sérieux. Ce désir, je le considère légitime pour chaque être humain. Si tu ne désires pas suivre cet énoncé, ne le suis pas. Cependant si cela te pose des problèmes de conscience et que, pour être fidèle à toi-même, tu sens que tu dois le respecter, alors respecte-le. C'est le choix de vie que j'ai fait; je ne suis pas un homme de compromis. Je ne me laisse pas porter par une vague au détriment de ce que ma conscience me dicte.

Le dernier engagement que j'ai contracté un samedi matin fut pour passer au *Télé-Don*, animé par Michel Jasmin. Je me souviens combien je me sentais mal à l'aise au cours des répétitions. Pour mon bien-être personnel, j'ai donc choisi de ne plus accepter d'engagement professionnel le jour du sabbat, et cette décision fut mienne.

L'Église de Dieu privilégie le respect de Dieu et de son prochain comme façon de vivre altruiste. Trop souvent, de nos jours, la tendance et les pensées suivent dans un sens contraire. Il ne s'agit nullement d'un culte ou d'une secte. En dépit de mes aspirations professionnelles, j'ai toujours cru que j'étais un être humain qui avait droit à ses questions et à ses réponses. Le libre choix de chacun s'exprime dans sa façon ou non de vivre sa spiritualité. Ce n'est pas à n'importe qui que l'on est soumis, mais à Dieu. De plus, il ne faut pas croire que mes samedis sont réservés à la prière ou à une dévotion quelconque. Le samedi, je partage souvent un bon repas entre amis et je me repose; je refais le plein d'énergie. Les six autres jours de la semaine, je me donne souvent à 150 %. Dans la frénésie que mon métier comporte, il est bien légitime que je puisse m'arrêter un peu.

Quand j'ai fait part de cette décision à mes imprésarios en leur disant que je savais pertinemment qu'il était possible d'exercer le métier de chanteur tout en respectant le sabbat, ils ont, bien entendu, sursauté. J'étais pleinement conscient que ça n'allait pas faciliter les choses parce qu'il s'agit d'une journée importante dans le showbiz. Le public désirait me voir en spectacle. Mais, de toute évidence, quand le public voulait me voir, il devait attendre les jours où je montais sur scène. Il n'aurait pas eu l'idée d'aller me voir un vendredi soir au Saint-Denis si je n'y suis pas. Moi, qui aime Michel Sardou et qui ne rate jamais une chance de le voir sur scène, si j'apprends qu'il passe à Montréal un lundi soir, j'irai le voir un lundi soir. Qu'importe. C'était là l'essentiel de mon point de vue. Bien sûr, mon choix de vie n'en était pas un facile. Je me devais également de dresser une ligne de démarcation nette entre mon métier et ma vie privée. C'est là que j'ai choisi de dresser la mienne.

Au début de l'année 1989, le producteur Jean-Claude L'Espérance m'a rappelé. Nous avons à nouveau soulevé la possibilité d'une série de spectacles. Cette fois, il m'a demandé de passer à son bureau pour une discussion approfondie. Je suis allé le rencontrer et, après une discussion des plus cordiales, il a consenti à respecter ma volonté. Cette nouvelle entente a revêtu une grande importance à mes yeux. C'était une si belle marque de confiance de la part de ce producteur. Je savais également qu'elle allait réjouir mes agents. Aussitôt que ma signature fut apposée au bas du contrat, une imposante équipe de professionnels s'est mise à discuter du concept d'un futur spectacle avec enthousiasme. Ce vent nouveau a été des plus rafraîchissants.

Chapitre 9

LE VENT DANS LES VOILES

Je garde un excellent souvenir de mon premier spectacle sous la houlette de Jean-Claude L'Espérance et des Productions Avanti. C'était en 1989, à la fin juin, sur la scène flottante de La Ronde. Nous avions tous mis beaucoup d'énergie dans cette entreprise. Une campagne de promotion et de la publicité avaient précédé l'événement, et c'était très excitant.

Ce soir-là, je ne pouvais qu'être fier du chemin parcouru. Trois étés plus tôt, je m'étais produit toute la saison au *Village québécois*. Et voilà que j'accédais à la scène flottante où des stars telles que Céline Dion, Martine St-Clair et même Mister Mister et bien d'autres étaient passées avant moi. Nous avions rempli les gradins. La presse aussi avait été élogieuse à mon égard. D'ailleurs, depuis ma nouvelle association avec Pierre et Tony, la presse artistique jouait un rôle important dans ma carrière. Grâce à des reportages intéressants, elle a, sans contredit, permis au grand public de mieux me connaître.

Après ce spectacle important, j'ai aussi chanté dans plusieurs parcs de la ville dans le cadre de la

tournée Campbell. Tout cela se passait alors que —
après la sortie des chansons *J'ai le blues de toi* et
l'Otage — *Voyager sans toi* devenait un titre en
vogue.

> *Voyager*
> *Je n'aime pas ça*
> *Si c'est voyager sans toi*
> *Je ne veux pas me noyer*
> *Dans tous ces miroirs*
> *Où les étrangers se noient...*

Le travail acharné de mes agents pour me faire
connaître a mis peu de temps à porter fruit. Dès les
premiers succès, tout s'est enchaîné rapidement, très
rapidement. Mario Pelchat est devenu un nom de
plus en plus connu. L'album en était un de qualité,
les ventes grimpaient assez vite. On me considérait
comme un artiste de relève à surveiller. J'offrais une
image dynamique et jeune. Je considérais comme
très flatteuse la réaction du public à mon endroit.
Conscient de ces faits, malgré les accrochages, je me
faisais un devoir de demeurer loyal à mes imprésarios. Ma vie professionnelle faisait son chemin, je
le leur devais en grande partie.

Dans la foulée de ces succès, la maison de
production S.D.A. nous a contactés, en août 1989,
pour nous soumettre un projet de télévision. Les producteurs désiraient me voir animer, en compagnie de
Martine Chevrier, une nouvelle émission de variétés
de format hebdomadaire, qui s'intitulerait *7ᵉ Ciel*. Je
n'avais jamais envisagé faire de l'animation, mais le
concept semblait convenir aux deux chanteurs que
Martine et moi étions avant tout. J'ai accepté.

Déjà, en 1982, Guy Cloutier m'avait convoqué à
une audition pour l'animation d'une émission de
télévision. Il s'agissait de *Pop Express*, à Télé-
Métropole. Pendant l'audition, j'étais si nerveux, si

peu sûr de moi, qu'il était évident que je n'aurais pas su relever ce défi. Le supplice de l'audition avait d'ailleurs été de courte durée et on m'avait dit poliment: «Ne nous appelle pas, nous t'appellerons.»

Finalement, Manuel Tadros avait décroché le contrat. Heureusement pour moi... Je me souviens d'ailleurs que, attendant assis près de moi à la réception du bureau de Vincent Gabriele, il y avait Marcel Béliveau. Il attendait aussi pour voir le grand manitou de Télé-Métropole mais pour un projet tout autre: il venait lui proposer l'idée de *Surprise sur prise*. Marcel était un parfait inconnu pour moi et, durant l'attente, il m'avait raconté l'essentiel de son projet, et je lui avais dit:

— C'est intéressant. Ça pourrait marcher, tout en lui souhaitant la meilleure des chances.

Aujourd'hui, Marcel est un producteur comblé et millionnaire. Sa série d'émissions est présentée à travers le monde. Il y croyait si fort.

J'ai donc signé un contrat avec les producteurs de *7e Ciel*, Pierre m'a alors proposé:

— Nous allons te trouver un appartement qui a du bon sens.

Il faut dire que j'avais loué cet appartement à Saint-Vincent-de-Paul en vitesse. Je ne m'étais jamais plaint de ces lieux parce que j'ai toujours appris à être bien dans la disette comme dans l'abondance — je peux aussi bien dormir dans un lit douillet que sur une paillasse —, mais il est vrai qu'il s'agissait d'un logis plutôt délabré. Et Pierre et Tony avaient horreur de m'y voir vivre.

Nous avons visité plusieurs endroits jusqu'à ce qu'un quatre et demi dans le Vieux-Montréal, offrant une belle vue sur le Vieux-Port retienne notre attention. L'appartement était de style condo et l'édifice possédait un stationnement intérieur. Mais

des 410 $ que je payais à Laval, je passais à 1 060 $
par mois. Beaucoup trop à mon avis.

— J'aime beaucoup cet appartement, mais je ne
peux pas me le payer, ai-je dit à Pierre qui, de retour
au bureau de Saint-Lambert, vantait à Tony les mérites de cet endroit à deux pas des studios de télévision
et de radio.

— Comme tu feras de la télé le mois prochain, il
faut surveiller ton image. Cet appartement et son
stationnement te conviendront. Je vais augmenter ton
salaire... répliqua tout bonnement Tony.

Comme, en plus de la télé, j'allais aussi entamer
prochainement une tournée de spectacles et lancer un
nouvel album, l'augmentation salariale fut substan-
tielle. Toutefois, même si cela aurait dû me sécuriser,
je demeurais inquiet. Tout allait un peu trop vite à
mon avis. Tout semblait trop facile. Si je haussais
ainsi mon standard de vie, qu'allait-il en être dans
deux, trois ou quatre ans? Est-ce que j'allais jouir du
même succès ou me casser le nez?

Finalement, faisant taire mes scrupules, j'ai
emménagé dans cet appartement et je m'y suis senti
si bien que j'y suis demeuré quelques années. Puis,
lorsque la série a débuté, j'ai changé de voiture. De
toute façon, ma Renault allait rendre l'âme. Je me
suis acheté une Honda Accord. Sans vouloir trop me
l'avouer, le succès avait tout de même une certaine
incidence sur ma vie.

Durant la saison de *7ᵉ Ciel*, nous enregistrions
deux émissions par jour. Elles étaient diffusées les
lundis et mardis à Télévision Quatre Saisons. Dès le
départ, je me suis senti très à l'aise dans ce concept,
qui mettait en valeur des artistes d'ici et d'ailleurs.
Nos invités étaient extraordinaires. En plus de toute
la brochette d'artistes québécois, les Patrick Bruel,
Marc Lavoine, Philippe Lafontaine, Vanessa Paradis,

Elsa, Mauranne et compagnie se sont produits dans notre décor rappelant les toitures et cheminées d'une ville.

Sachant que Martine et moi étions des débutants, plusieurs de ces artistes savaient faire naître en nous cette assurance dont nous avions tant besoin. Je pense, entre autres, à Janette Bertrand, à Michel Drucker ou Mia Riddez, qui ont si bien su le faire. La relève a également occupé une place de choix à *7e Ciel*. C'est sur ce plateau que j'ai fait la connaissance de Lara Fabian alors qu'elle débarquait au Québec. Aussitôt, son talent m'a impressionné. J'ai aussi découvert en Martine, ma coanimatrice, une fille exceptionnelle, vraie.

Durant cette période, j'ai également appris à connaître davantage Suzanne Colello, qui agissait à titre de styliste pour la production. À la mi-saison, après un premier bilan, il fut décidé que nous ne serions en ondes qu'une fois par semaine, le lundi, puisque c'était le jour où les cotes d'écoute étaient les meilleures. Le décor fut aussi modifié: des tons de brun dans lesquels nous avions évolué depuis quelques mois, nous sommes passés aux tons de bleu. Puis, Diane Massicotte, l'épouse de l'animateur bien connu Claude Saucier, a succédé à Michel Major à la production. Une équipe imposante a été indispensable au succès de l'émission, qui a connu une belle fin de saison, qu'il s'agisse des recherchistes Dominique Trudeau et Diane Lessard, qui nous donnaient les outils nécessaires pour que notre travail soit impeccable, ou encore des choristes, des maquilleurs, de tous les techniciens et des musiciens sous la direction de Daniel Piché. Sans les nommer tous, nombreux sont ceux qui ont contribué à faire de *7e Ciel* un souvenir heureux. Et, ironie du sort, le président de la maison de production à l'époque était

nul autre que Vincent Gabriele, devant qui sept ans
plus tôt j'avais auditionné, tout tremblotant, pour le
poste d'animateur à *Pop Express*. À croire que tous
les chemins se croisent dans une vie...

L'été suivant, l'émission est demeurée en ondes,
grâce aux reprises. La télévision a cette possibilité
magique de faire pénétrer un artiste dans le salon des
gens. Je suis donc sûr que cette émission hebdomadaire a contribué à me rapprocher du public, à faire
de moi, l'un des vôtres, gens du showbiz. Martine et
moi sommes sortis, je crois, gagnants de cette belle
aventure.

De la radio, j'avais fait le saut à la télé. D'un
autre côté, les ventes de mon album montaient en
flèche. Durant cette saison, l'extrait *Ailleurs* est
devenu un hit.

> *Viens dans un pays*
> *Où les chagrins n'existent pas*
> *Pas de comédie*
> *On est tout seul toi et moi*
> *Les châteaux d'ivoire*
> *Seront à nous*
> *Là où nous conduira l'amour...*

Durant la production de *7e Ciel*, j'ai aussi participé à d'autres émissions de fort calibre. J'ai coani-
mé le *Gala du 20e anniversaire de Provigo* avec
Martine Chevrier et Joe Bocan, en direct de l'aréna
Maurice-Richard. Je me souviens que, lors des
premières répétions, Tony était entré dans un hôpital
de la Rive-Sud. Au début, quand je lui demandais des
nouvelles de Tony — dont l'absence semblait se
prolonger —, Pierre s'esquivait plus souvent qu'à
son tour. Puis, il m'avait finalement appris son
hospitalisation tout en ajoutant qu'il n'y avait rien là
d'alarmant.

Quelques jours avant le gala, j'ai rendu visite à Tony sans savoir encore quel mal le terrassait. En l'apercevant, comme il semblait relativement bien, je m'étais senti rassuré. Mais, j'ai remarqué un écriteau accroché au pied du lit: «Aucun contact biologique avec ce patient.» Cette phrase m'a grandement préoccupé. Je n'ai pas posé de question à quiconque mais, dès ce jour, je me suis inquiété pour son état de santé. En guise d'au revoir, Tony m'a dit qu'il allait écouter le gala à la télévision. «Et je suis sûr que tu feras un bon job», avait-il ajouté.

Le jour du gala, je lui ai fait parvenir des fleurs tout en lui réitérant mes souhaits de prompt rétablissement. Plus tard, Tony a souligné combien il avait apprécié mon geste. Déjà, j'adoptais une attitude fort compatissante. Plus que s'il était question d'un simple mal. Comme si je savais...

Le 20 janvier 1990, lors d'un souper chez Suzanne Colello à l'occasion de l'anniversaire de Pierre, j'ai appris la terrible vérité. C'était un samedi. Dans la soirée, Tony m'a demandé de descendre au sous-sol avec lui. Seuls, dans le petit salon, il a commencé à me parler comme s'il faisait son testament. C'était si étrange. Il m'a dit, avec une émotion que je ne lui connaissais pas de ne pas m'inquiéter, que j'étais entre bonnes mains, que j'allais aller encore plus loin. Devant ces propos, je l'ai questionné:

— Mais qu'est-ce qu'il y a, Tony? Ne me dis pas que...

Et il m'a répondu:

— Oui, Mario... J'ai le sida.

Je peux difficilement exprimer le coup au cœur que j'ai alors ressenti. C'était la première fois qu'une personne de mon entourage était atteinte de cette maladie dont on ne cessait de parler dans les médias.

Je ne pouvais le croire. Pierre et Tony avaient, comme nous tous, une peur bleue du sida. À travers toutes ces pensées qui se bousculaient dans mon esprit, j'ai pensé à Pierre. «L'avait-il lui aussi?» Quelques semaines plus tard, je n'ai pu faire autrement que de lui poser la question. Il m'avait alors répondu abruptement: «C'est ça, tout le monde a le sida! Tout le monde va mourir... Prie ton Dieu, Mario, prie ton Dieu!» Je le comprends très bien, à cause de la maladie de Tony, il ressentait une grande frustration. J'avais simplement ajouté: «Pierre, mon Dieu, c'est ton Dieu, et je le prie. Sois sans crainte.»

En quittant la demeure de Suzanne et Rocky, en fin de soirée, j'ai donné l'accolade à Pierre et à Tony. Je tenais à leur manifester mon appui et surtout, je tenais à ce que Tony sache que je n'avais aucun préjugé, aucune peur. En refermant la porte derrière moi, l'émotion m'a gagné. Tony avait toujours été au-dessus de tout. Il n'avait aucun problème financier. Il contrôlait tout très bien, ma carrière et les Productions Cogian, et on réussissait rarement à l'atteindre. Ce soir-là, il avait ouvert son cœur. Pierre et Tony avaient fait énormément pour moi, je ne pouvais qu'avoir de la compassion pour ce qu'ils vivaient. J'ai terminé la soirée dans un bar, l'air démonté, à siroter un verre en compagnie de la chanteuse Estelle Esse. Estelle, dont Pierre et Tony géraient également la carrière à ce moment-là. Elle aussi avait été invitée chez Suzanne et Rocky.

Comme il vivait avec Tony depuis nombre d'années, j'ai même craint que Pierre ne s'enlève la vie si Tony perdait le combat. Pierre m'avait déjà dit: «Si Tony meurt, moi, je m'en vais sur le pont Jacques-Cartier...» Il m'avait souvent répété combien il devait à Tony. Dans les faits, Pierre était mon représentant exclusif, et Tony assurait la direction artistique de ma carrière, mais, en réalité, Tony était le pilier de notre organisation. Il possédait un sens inné de la gestion, des affaires. Pierre était son bras droit; il savait très bien l'être et il s'avérait tout aussi essentiel. Même s'il en fut très peu question, au cours des mois qui ont suivi, le spectre de la maladie de Tony a hanté toutes les étapes de ma carrière.

En 1989, j'ai aussi participé à plusieurs émissions de télévision. Qu'il s'agisse d'*Ad Lib*, *De bonne humeur*, des *Démons du midi* ou encore *Station soleil*, à Radio-Québec. J'ai aussi chanté dans le cadre de plusieurs téléthons. Cependant, je garde un souvenir impérissable de ma participation à *Star d'un soir*, où j'ai eu le grand bonheur de partager les feux de la rampe avec mon père et mon grand-père Pelchat, le temps d'une chanson. J'avais, une année auparavant, présenté ma jeune sœur Karine à cette même émission. Elle avait chanté une chanson de Ginette Reno. Quant à mes paternels, ils avaient choisi d'interpréter avec moi une vieille chanson qu'ils ont transmise de génération en génération. Datant de 1946, la chanson s'intitule *La Pastourelle à Nina*. En fait, papa l'a apprise à force d'entendre son père la chanter, et moi, je la sais parce que j'ai si souvent entendu papa l'interpréter. Un jour, nul doute, mon fils la saura à son tour. C'est ainsi que j'aime voir les traditions se perpétuer.

Mon passage à l'émission *Les Grandes Vacances*, animée par Dominique Michel, compte aussi parmi mes beaux souvenirs. Cette émission, enregistrée au Mexique, a donné lieu à mon baptême de l'air. Pour la première fois, j'ai quitté le Québec à destination d'un autre pays, un pays chaud de surcroît. Pierre et Tony étaient aussi du voyage. Nous avons séjourné au Club Med de Playa Blanca. La végétation, le soleil, la plage, la mer... Que j'ai aimé ce voyage! Et que dire des plaisirs partagés avec Mitsou, Daniel Deshaime, Marie Philippe, Michèle Richard et, bien sûr, Dodo. Quelle femme extraordinaire!

Le vent dans les voiles, à la fin de l'année, je suis entré à nouveau en studio afin d'enregistrer mon deuxième album sous la gouverne de Pierre et Tony, le 4e en tout. Cette fois, j'ai enregistré sous étiquette Showgun, une filiale d'Avanti à laquelle mes agents et moi étions associés. Nous avons payé une quittance pour nous libérer de notre engagement avec Audiogram. Nous avons passé les mois de novembre, décembre et janvier en studio.

Pour ma plus grande joie, à la fin de janvier, je fus invité à participer à une autre émission de la série *Les Grandes Vacances*. Cette fois, l'émission était tournée au Brésil, à Rio de Janeiro. J'étais très occupé à terminer la production de mon album à ce moment-là, mais je tenais ardemment à participer à ce tournage. Je méritais bien de nouvelles vacances. De plus, j'avais maintenant la piqûre des voyages et des pays chauds. Les médecins ayant fortement recommandé à Tony de demeurer au pays en raison des maladies que l'on peut contracter à l'étranger, Suzanne et Rocky Colello m'ont accompagné. Nous avons quitté le Canada le jour de mon 26e anniversaire.

Deux jours plus tôt, le 30 janvier, j'étais toujours en studio, et il restait une chanson à produire. Celle-ci était déjà déterminée, mais Michel Lefrançois m'a fait quand même entendre une musique qu'il venait tout juste de composer. J'ai eu le coup de foudre pour la couleur et la saveur de ce rythme qu'il m'a fait découvrir. Le soir, en rentrant chez moi, j'ai composé des paroles et, le lendemain, le 31 janvier, j'ai enregistré la chanson en studio. Le 1er février, je suis passé aux douanes à Mirabel avec ma nouvelle chanson sous le bras et j'ai chanté, à Rio, pour la première fois cette chanson que ce périple m'avait inspirée. Une chanson que j'ai intitulé *Sur ta musique.*

> *Rio*
> *Au milieu des tropiques*
> *À des kilomètres de mon adresse*
> *Je suis à l'aise*
> *Rideau*
> *Levé sur l'Atlantique*
> *Où j'ai envie de filer à l'anglaise*
> *Ne t'en déplaise...*
> *Même à l'autre bout de la planète*
> *Tes harmonies me font tourner la*
> *tête...*

Ce fut une fois de plus un voyage mémorable, dans tous les sens du terme. Diane Tell était de la partie; comment l'oublier... Notre avion, qui devait faire escale à Toronto s'est aussi arrêté à New York en raison de la mauvaise température, ce qui a eu pour effet d'étirer notre vol sur près de 24 heures. Arrivés à destination, nous étions, bien sûr, très fatigués. Après nous être rafraîchis, nous avons rejoint l'équipe de production, qui était déjà sur place, pour le souper. Comme nous étions épuisés, il a fallu peu de temps pour que le vin servi à table ait sur nous un effet surprenant. Nous nous amusions beaucoup, et l'accent français de Diane Tell était au centre des discussions. À un certain moment, j'ai dit aux gens qui étaient là, et que je retrouvais sous le soleil pour une seconde fois:

— Si elle parle vraiment comme ça quand je vais la voir, moi, je vais lui dire: Qu'est-ce qui te prend? Tu ne parles plus comme nous autres... Elle vient de Val-d'Or, cette fille-là, c'est une Fortin...

Après le souper, accoudé au bar, un Piña Colada à la main, je parlais de Michel Sardou quand, tout à coup, Diane se pointe et dit:

— Mais de quoi parlez-vous?

L'un d'entre nous répondit:

— De Michel Sardou...

Elle rétorqua aussitôt:

— Sardou, mais c'est fini, c'est dépassé. Bon...

Je possédais tous les disques québécois de Diane Tell parce que je l'avais toujours aimée, mais là, elle avait touché mon point sensible et je lui ai répondu, tout de go:

— Écoute, Diane, depuis *La Maladie d'amour*, Sardou vend des disques par millions et il fait Bercy, une salle de 17 000 sièges jusqu'à 20 soirs d'affilée... J'ai tous ses albums comme j'ai tous ceux de Diane Tell avant qu'elle ne parle à la française...

— Y'a six millions de Québécois qui pensent la même chose. C'est pas très original, tu sais, me dit-elle.

Puis, j'ai renchéri dans un langage typiquement de chez nous:

— Écoute, ça fait neuf ans que j'chu parti du Lac-Saint-Jean et j'parle encore comme un gars du Lac. Dis-moé, quand tu parles à ton père, comment tu y parles de Biarritz à Val-d'Or?

— Mais je lui parle comme ça, et il est très fier, a-t-elle répondu toujours avec un accent parfait. Je lui ai alors retorqué:

— Mon père trouverait ça «ben l'fun» une fois, mais, à partir de la seconde fois, il me demanderait de décrocher...

Sans plus, Diane nous a tous embrassés en nous laissant sur un rapide bonsoir plutôt pincé.

Évidemment, je n'avais pas été des plus gentils, mais je lui avais parlé franchement. Cependant, je savais que je ne m'étais pas fait une amie ce soir-là. La directrice artistique Mouffe, qui était là, me dit après le départ de Diane: «Tu y es allé un peu raide, Mario, ne crois-tu pas? Avec ce que j'avais consommé et le vol prolongé que nous avions connu, je n'y ai même pas songé un instant avant de fermer l'œil en fin de soirée.

Le lendemain, je n'ai pas vu Diane. Je l'ai revue le jour suivant au tournage d'une séquence. Elle devait tirer une flèche dans une pomme posée sur la tête de Dodo, alors que j'étais à ses côtés. Quand je suis arrivé sur le plateau, elle s'est retournée vers moi avec son arc entre les mains et elle m'a dit:

— Je t'en dois une, toi!

Bien sûr, je me suis excusé de l'avoir approchée d'une façon quelque peu cavalière plus tôt. Elle m'a répondu:

— Laisse tomber. Tu as dit tout haut ce que tous disent tout bas.

Je peux comprendre que, par mimétisme, Diane ait adopté l'accent français. Quand je suis à la télévision, par exemple, je porte une attention particulière à mon langage; une attention qui n'est pas une préoccupation aussi évidente dans ma vie de tous les jours. Mais de là a en perdre mon identité... Enfin, cet incident a eu pour effet de nous rapprocher et nous avons eu beaucoup de plaisir sur les plages de Rio. Toute la semaine, je lui ai parlé jeannois et elle m'a causé parisien...

Comme je ne suis pas un «kid-kodak», je me suis plutôt rempli la mémoire d'images du célèbre pain de sucre, du Christ là-haut perché et du contraste effarant entre la richesse et la pauvreté dans ce pays d'Amérique du Sud. Durant ce séjour, j'ai aussi grandement apprécié toutes les journées passées avec Suzanne et Rocky Colello.

De par ses fonctions de conseillère vestimentaire, Suzanne m'a accompagné dans mes magasinages saison après saison. Ainsi, de notre relation professionnelle est née une relation d'amitié sincère. Suzanne et Rocky étaient devenus des amis. Je suis même devenu un ami de la famille. J'ai connu les filles du couple, Melissa et Karine alors qu'elles n'avaient que dix ans et treize ans. Elles sont aujourd'hui de jeunes et belles femmes.

J'étais, et je suis toujours, le bienvenu sous leur toit comme eux le sont chez moi. Tout devient prétexte à partager un souper ensemble, à assister à des spectacles ou tout simplement à discuter durant de longues heures. Dès nos premières rencontres, nous avons tout de suite su nous comprendre, nous reconnaître. Pendant ce séjour au Brésil, cette relation d'attachement n'a fait que grandir davantage. Je retrouvais auprès de Suzanne et Rocky ce respect, cette compréhension et cette détente dont l'absence se faisait si cruellement sentir avec mes agents.

Le 5 mars, l'album *Couleur Passion* fut lancé au Lola's Paradise, rue Saint-Laurent, à Montréal. Le premier extrait fut *Sur ta musique*. À nouveau, ce lancement fut si excitant que j'en ai oublié la plupart des détails. Un peu comme quelqu'un qui ne se souvient pas de son mariage. Je me souviens toutefois que lorsque venait le temps d'une photo, entre Pierre et Tony, qui affichaient des mines fières, je me sentais bien seul.

Durant la conception de ce nouvel album, on a aussi consacré beaucoup d'énergie à l'élaboration d'une première série de spectacles à Montréal et d'une première grande tournée à travers la province. D'ailleurs, cette grande rentrée a connu son coup d'envoi une semaine, jour pour jour, après le lancement du disque. Elle était également placée sous le titre *Couleur Passion*. Cela s'annonçait prometteur étant donné la réponse du public qui était déjà bien perceptible.

Chaque fois que mon chemin me conduisait rue Saint-Denis, je m'arrêtais devant le théâtre et je regardais sa marquise. Comme si je devais me convaincre que le nom Mario Pelchat qui s'y inscrivait en grosses lettres, c'était bien moi et pas un autre. Quand j'en fus persuadé, j'en eus presque la nausée. En pensant à cette première, au public, et aux critiques, j'avais envie de me sauver et de courir jusqu'à la cabane de bois de grand-papa Pelchat au Lac-Saint-Jean, — où je me sens toujours si bien — et tout oublier. J'avais peur.

La première eut lieu le 13 mars 1990, jour de l'anniversaire de naissance de mon père. La fierté qu'il a éprouvée en me voyant apparaître sur la scène ce soir-là fut certes le plus beau des cadeaux que je pouvais lui offrir. Durant la soirée, je lui ai dédié la chanson *Il était là*, de Sardou.

> *Il était là dans ce fauteuil*
> *Mon spectateur du premier jour*
> *Comme un père débordant*
> *d'orgueil*
> *Pour celui qui prenait son tour*
> *Il était là dans ce fauteuil*
> *Premier témoin de mes faux pas*
> *Le cœur tremblant comme*
> *une feuille*
> *Croyant que je ne savais pas*

Lors de cette première, les spectateurs ont eu droit à une surprise de taille: sur les premières mesures de la superbe chanson *Endless Love*, Céline Dion est apparue sur scène pour se joindre à moi. Céline et moi sommes arrivés la même année sur la scène musicale — en 1981, nous lancions tous les deux un premier disque — et depuis, nos chemins se sont souvent croisés.

À chacune de ces rencontres, j'ai toujours fait face à deux êtres aimables, sensibles et talentueux, en René et Céline. C'est un peu pour cela que, quelques semaines avant ma première, j'ai approché René Angelil à l'occasion du lancement du livre d'Eddy Marnay. Mon idée était de former, le temps d'une chanson, un duo sur scène avec Céline. René s'était montré ouvert, mais c'était loin d'être coulé dans le béton lors de cette rencontre. D'autant plus que Céline allait lancer, deux semaines après ma première, son premier album anglais *Unison*. Cependant, Pierre et Tony n'y croyaient guère. Quand des projets semblables me passaient par la tête, ils me ridiculisaient. C'est précisément pourquoi j'étais allé droit à René Angelil.

Lorsque j'ai fait part à mes agents de l'éventuelle présence de la chanteuse, je gardais tout de même les doigts croisés. Finalement, Jean-Claude L'Espérance, également producteur des spectacles de Céline à l'époque, a mis Pierre Gibeault en contact avec René Angelil, et, le projet s'est concrétisé.

Nous avions répété la chanson chacun de notre côté et, l'après-midi de la première, nous l'avons chantée à quelques reprises ensemble sur la scène du théâtre. En deux temps, trois mouvements, nous avions défini de quelle façon Céline allait entrer sur scène, quand nous allions nous regarder et à quel moment nous allions danser entrelacés. Le soir venu, j'avais hâte d'entamer la chanson et d'offrir ce cadeau à la foule. Quand le piano s'est fait entendre, je me suis arrêté au centre de la scène et j'ai chanté:

> *My love*
> *There's only you in my life*

The only thing that's right
Puis, de l'arrière-scène Céline a entamé:
My first love...
You're every breath that I take
You're every step I make...
Il n'en fallut pas davantage pour que la salle soit en délire. Quand je me suis retourné vers Céline, elle était superbe. Elle brillait, belle et féminine jusqu'au bout des doigts. Quel magnifique souvenir!

La première eut lieu un mardi. J'ai chanté à nouveau le mercredi et le jeudi. Ces trois soirs, une autre artiste est venue me rejoindre sur scène pour un duo différent: il y a eu Joe Bocan, Diane Juster et Martine Chevrier. Le vendredi, Jean-Claude L'Espérance, qui avait aussi retenu cette date dans notre entente, a présenté un nouveau venu dans le monde de l'humour, sur qui il misait beaucoup: Jean-Marc Parent. L'humoriste ne pouvait encore tenir l'affiche une semaine complète. Ce soir de spectacle allait promouvoir sa carrière, et il devait, par la suite, me remercier de lui avoir cédé la scène. Et dire qu'aujourd'hui, il se produit six heures d'affilée au Théâtre du Forum...

Je suis remonté sur scène le samedi. J'ai tenu l'affiche au Saint-Denis durant treize soirs. Au lendemain de la première, la critique a été excellente. Ce qui m'a comblé d'aise, j'avais tout donné au cours de ce spectacle. Seule une critique, livrée par la *Bande des six*, m'a littéralement descendu, allant même jusqu'à attaquer le numéro dédié à mon père. Lorsque j'ai vu cette émission quelques heures avant de monter sur scène le samedi soir, ça m'a complètement démoli. En arrivant au théâtre, je suis allé sur la scène et en regardant autour de moi, j'ai pleuré. Je me suis demandé pourquoi on faisait ce métier si n'importe qui pouvait si facilement détruire autant d'efforts? Je ne voulais pas nécessairement qu'on m'encense et qu'on dise que j'étais un génie; c'était mon premier spectacle. J'aurais seulement aimé un peu plus d'objectivité.

Les musiciens qui arrivaient au théâtre et qui m'ont aperçu sur scène sont venus m'encourager. Puis, je me suis retiré dans ma loge pour me préparer. Une fois habillé, je suis allé saluer les autres membres de l'équipe. Comme je le fais toujours quelques minutes avant un spectacle, je me suis retiré à nouveau dans ma loge, seul cette fois. J'ai réfléchi tout en faisant une petite prière... Je ferme alors les yeux quelques secondes et je remercie. Je demande aussi à ce que chacun offre le meilleur de lui-même ce soir.

Puis, juste avant de monter sur scène, les musiciens, les techniciens et moi nous sommes tapé dans les mains à titre d'encouragement et d'union dans la force. C'est en quelque sorte un échange d'énergie dont nous avons tous besoin. Durant deux heures, j'ai offert un solide tour de chant devant une foule qui par ses messages d'amour m'a vite fait oublier mes tourments. De retour dans ma loge, j'ai réalisé ce soir-là que notre métier, il fallait le faire pour le public. Il est notre patron et notre récompense.

Chapitre 10

EN NOIR ET BLANC

Le spectacle *Couleur Passion*, mis en scène par Mouffe, s'ouvrait sur la chanson *Quand on y croit*.

> *Rouge couleur passion*
> *Je suis le peintre de tes saisons*
> *Tu es l'étoile, la toile*
> *Signé de mon nom...*
> *Ça nous arrive quand on y croit*
> *Et que nos mains sont ouvertes*
> *Ça nous arrive quand on y croit*
> *Et les jours d'autrefois*
> *Passent de l'ombre au soleil...*

Cette chanson ne pouvait mieux refléter ce qui m'habitait chaque fois que je montais sur scène pour entamer ce spectacle, auquel je rêvais depuis les bancs d'école. Sur la scène, je me sentais bien.

Figurait aussi au programme un émouvant numéro consacré à la tragédie qui avait frappé l'équipage de la navette Challenger. En plus de mes chansons, j'y interprétais des titres tels *Comme d'habitude*, de Claude François, *One More Try*, de Georges Michael, que j'affectionnais beaucoup. Cette tournée avait été placée sous la direction musicale de Claude «Mégo» Lemay et de Jean-Fernand Girard. Nous avons fait, à deux reprises, le tour complet de la province. Nous avons connu un succès inespéré. Nous nous sommes également produits deux fois au Centre national des Arts à Ottawa, à guichets fermés, ainsi qu'au Grand Théâtre de Québec et, plus tard, au Palais Montcalm. N'eût été de tout le travail de Jean-Claude L'Espérance, de son épouse Louise-Claude et de toute leur équipe, ma carrière n'aurait pas pris cette envergure.

Ils ont vu à ce qu'on me prenne au sérieux. Tout ce qui tournait autour de mes spectacles était soigné, méticuleux. D'ailleurs, nombreux sont les artistes qui, pris en main par Avanti, sont sortis de l'ombre. Cette maison a ce flair et ce talent particuliers.

En tournée, je ne me suis pas senti trop dépaysé, j'avais maintes fois connu un genre de vie semblable à l'époque où je travaillais dans les bars-salons et les hôtels. Même si, en tournée, nous ne jouissions pas toujours du plus grand confort, j'appréciais cette vie. J'aime d'ailleurs ces situations qui permettent de garder les deux pieds sur terre. Et bien que la vie de tournée soit très intense, je goûtais chaque moment.

Quant à l'album *Couleur Passion*, il a connu un succès quasi instantané. Un mois après sa sortie, je recevais un disque d'or certifiant qu'il s'était déjà vendu à 50 000 copies. En moins d'un an, je totalisais deux disques d'or puisque, quelques mois plus tôt, l'album précédent s'était aussi vu récompensé pour des chiffres de ventes semblables.

Dans la foulée, Pierre et Tony sont devenus des agents très en vue. J'étais fier pour eux. D'autant plus que je savais qu'eux aussi poursuivaient un rêve en évoluant dans le milieu artistique. Ce qui m'aurait toutefois rendu totalement heureux, ç'aurait été de voir disparaître les tensions qui existaient dans nos relations.

Le respect mutuel que nous avions au début de notre relation n'existait plus. À ce stade, les rapports que nous avions développés étaient très difficiles à cerner. Nous savions êtres courtois, gentils même, les uns envers les autres, mais les confidences absolues étaient rares. Malgré tout, ils continuaient à avoir foi en moi, et, de mon côté, je savais qu'ils avaient toujours à cœur de travailler à l'évolution de ma carrière.

Toutefois, même si nous valsions avec le succès, je sentais encore planer au-dessus de moi leurs craintes de voir ma recherche spirituelle contrecarrer ma carrière. Il faut dire qu'ils subissaient malheureusement diverses influences. À gauche et à droite, on leur racontait des histoires sordides, autant de scénarios auxquels ils pensaient et qui, pourtant, n'effleuraient nullement mon esprit.

Je ne demandais que le respect. Pour le reste, j'étais là, disponible et prêt à foncer dès que le travail m'appelait. Et je donnais 150 % de moi et ils le savaient très bien. En 1989-1990, j'ai offert en tout 117 spectacles, j'ai participé à 195 émissions de télévision et, malgré cette imposante compilation, j'ai toujours respecté mon choix: ne pas travailler le vendredi soir.

Au cours de toutes ces années, toutes mes énergies étaient donc consacrées à mon métier. Ma vie privée n'avait rien de bien passionnante. Ma famille devenait ma première préoccupation, dès que j'avais quelques jours de congé. À vrai dire, le succès avait plus d'incidence dans ma vie privée que je pouvais moi-même en avoir. Il arrivait souvent que l'on me suive jusque chez moi, quand je sortais des studios de télévision, par exemple. On sonnait à ma porte et on téléphonait chez moi à tout moment. Je mentirais en disant que ce n'était pas dérangeant.

Cependant, j'étais conscient qu'il s'agissait du prix à payer pour la célébrité et je l'acceptais.

Le succès n'est pas venu comme un éclair dans ma vie; il s'est plutôt installé graduellement. J'ai donc pu l'apprivoiser. Toutefois, je dois avouer qu'au cours de cette année-là il a approché un point encore jamais atteint. Pourtant, tout comme aujourd'hui, je ne me suis jamais empêché de faire quoi que ce soit pour cette raison. S'il me manque quelque chose dans le réfrigérateur, je saute dans ma voiture et je vais au dépanneur. Si je fais des travaux et qu'il me faut des clous vrillés, je vais en acheter à la quincaillerie. Je ne m'arrête jamais au fait que les gens pourraient me reconnaître et m'aborder. D'ailleurs, quand ils le font, je suis heureux et je les salue. Si je ne pensais pas ainsi, je me priverais d'une certaine liberté et je n'ai jamais eu l'intention d'arrêter de vivre pleinement parce qu'on pouvait me montrer du doigt.

Avec le succès, le courrier est aussi devenu volumineux. Le contenu de ces lettres est le plus souvent flatteur et je l'apprécie. Je reçois aussi des lettres bien touchantes, par exemple, celle d'un adolescent qui me confie sa peine, d'une mère de famille qui souffre ou d'un enfant malade qui désire plus que tout me rencontrer... Dans ce lot, il se trouve aussi des envois fort inquiétants: comme cette fan qui m'a écrit plusieurs fois et même pourchassé pour me dire, chaque fois qu'elle s'approchait de moi, qu'elle allait accoucher du Christ et que j'en étais le père...

C'est pourquoi il me faut, en certaines occasions, mettre les points sur les i. Quand on vient sonner à ma porte, par exemple, je dresse une limite claire et précise. Il faut que je sois ferme. Je comprends qu'il existe une fascination autour de la vie d'un chanteur, mais il est aussi très important que je sache, moi-même, avoir le respect de ma vie privée. Sans qu'on aborde jamais le sujet, mon entourage s'est également fait plus protecteur. J'apprécie beaucoup cette marque d'amour.

Alors que les frictions se faisaient de plus en plus nombreuses entre mes imprésarios et moi, Suzanne et Rocky se montraient compréhensifs, ils saisissaient mes frustrations, mes insatisfactions et mes attentes aussi. Comme je suis un grand livre ouvert avec mes proches, je trouvais une écoute attentive et sensible chez les Colello.

J'ai bien essayé de m'ouvrir à Pierre et Tony mais, s'ils faisaient preuve d'une certaine compréhension à l'occasion, ils avaient rarement la bonne perception de la personne que j'étais au fond de moi. Je travaillais très fort et j'aurais aimé davantage de compensations. Parfois sous forme de respect, parfois financières. Bien sûr, j'apportais de l'eau au moulin et je saisissais très bien mon rôle au sein de l'organisation — je suis un produit —, mais je me sentais parfois comme une vache à lait. L'être sensible en moi acceptait plus difficilement cette évidence trop marquée. Si j'en faisais part aux principaux intéressés, ils avaient toujours une réponse toute prête. Tony disait souvent:

— Que veux-tu? *Business is business*, y a pas de place pour les émotions en affaires.

Quand mes agents ont accepté de me verser un salaire hebdomadaire, celui-ci était plus élevé que l'argent qui pouvait entrer dans les coffres. J'en étais conscient et j'appréciais beaucoup la confiance que ces derniers manifestaient en l'avenir. Toutefois, alors que je travaillais presque jour et nuit et bien que ce salaire hebdomadaire ait augmenté, il n'était certes pas équitable. Nous avions abordé le sujet à plusieurs reprises, mais c'était toujours un prétexte à engueulades.

Les choses traînaient en longueur. J'essayais de prendre mon mal en patience en me convainquant que cet argent que je ne touchais pas était comme de l'argent en banque. Une somme à utiliser plus tard pour acheter une maison. Malgré cette réflexion, ces événements avaient pour conséquence de me mettre hors de moi et de me bouleverser à la fois. D'autant plus que je suis quelqu'un de très extrémiste. Par cela j'entends que lorsque tout va, je suis d'une humeur explosive; je peux écrire trois chansons en une journée, je peux appeler tous mes amis pour leur dire que je les aime et je ris aux éclats. Mais, quand ça ne va pas, je fais souvent la gueule, je suis impatient. Tout ce qui allait bien va maintenant mal, tout cela transpire inévitablement sur mon visage. Ce n'est certes pas un aspect facile de ma personnalité. Bien entendu, puisque j'en suis conscient j'essaie de maintenir une certaine maîtrise de mes émotions. Mais, les quiproquos à répétition devenaient omniprésents dans nos relations et n'arrangeaient rien.

Pour livrer le meilleur de moi-même, j'ai également besoin qu'on croie en moi. Or, lorsque je faisais une suggestion quant à la direction de ma carrière, on faisait souvent en sorte que je me sente coupable d'avoir émis cette idée sous prétexte qu'elle traduisait une certaine prétention de ma part. Pourtant, l'idée me semblait au départ constructive et accessible. Comment traduire cette attitude quand je savais pertinemment que mes agents criaient sur tous les toits qu'ils avaient le meilleur chanteur du Québec entre les mains...

Pourtant, sous leur toit, ils agissaient comme des sceptiques. Personnellement, tout en faisant abstraction des réussites et des étapes franchies, je croyais en mon potentiel — c'est souvent notre seule force — mais celui-ci était constamment martelé par des commentaires disgracieux, par des boutades ou des rires gras.

Par exemple, j'ai émis un jour le désir de chanter des chansons de Gilbert Montagné, l'auteur de *J'ai le blues de toi*. On m'a aussitôt dit que je rêvais en couleurs. Pourtant, après quelques démarches faites de mon côté, j'ai réussi à parler à Gilbert Montagné, un homme disponible et d'une grande gentillesse. Il m'a même donné les coordonnées d'un autre grand auteur français, Claude Lemesle. J'ai aussi appelé Lemesle. Je lui ai fait parvenir des cassettes, il a accepté de m'écrire des chansons et il m'a envoyé des textes par télécopieur. J'avais donc raison d'y croire... Il faut croire.

Se sentir appuyé est une force additionnelle et une force essentielle dans une relation artiste-agent. Je crois sincèrement qu'un imprésario doit aimer son artiste, croire en lui plus que tout et transmettre ces sentiments à son protégé. Malheureusement, je ne ressentais plus cela dans la relation que nous entretenions. C'était très difficile à vivre.

Malgré tout, je gardais toujours l'espoir que Pierre et Tony allaient travailler main dans la main avec moi, que nous allions former une vraie équipe. J'étais tellement naïf. Je l'avoue. Dans ma tête, j'avais toujours cette raison d'y croire: je vendais des disques et je remplissais les salles. Inévitablement, cette incompréhension réciproque devait nous conduire tout droit au gouffre. Alors que le public me voyait en couleurs et en trois dimensions, en coulisses tout se passait en noir et blanc.

Tony devait me donner mon salaire toutes les deux semaines. Tout est devenu plus nébuleux que jamais lorsqu'il a commencé à retarder la remise de ce chèque. Parce que je l'avais contrarié sur un plateau de télévision, parce que je n'avais pas porté un veston qu'il aimait, il ne me remettait pas ce chèque. Il m'a fallu parfois attendre un, deux et même trois jours et parfois jusqu'à une semaine ou deux avant de toucher ce salaire, qui était ma paye, mon unique revenu.

En peu de temps, ma marge de crédit a atteint son plus haut niveau. La banque m'appelait pour me dire que mes chèques étaient sans provision. Je ne pouvais pas croire dans l'absurdité de la situation. En certaines occasions, il a fallu que Suzanne me fasse un chèque pour que je puisse remplir mes engagements financiers. Pourtant, durant cette période, je faisais mon travail. Je chantais, je vendais des disques, j'animais une émission et j'étais reçu à d'autres. Mais la banque, on ne la paie pas avec des disques. Ni Hydro-Québec, ni Bell Canada, ni le propriétaire du logement...

Discrètement, je relisais tous mes contrats d'engagement, je conservais des copies de tout, de crainte de me faire rouler. Même face à Suzanne et Rocky, la situation était délicate. Je n'arrêtais pas de me répéter qu'ils étaient des amis de Pierre et Tony. Pour cette raison, je n'osais pas trop leur révéler l'ampleur de la crise. Mais j'étais aussi un ami désormais, et ils se sont montrés très compréhensifs. Comme un enfant, c'est devant eux que j'ai pleuré parce que je n'en pouvais plus. Quand je pensais à tout ça, j'étais pris de panique. Je faisais de l'angoisse à ce propos. Jamais il ne m'était arrivé de vivre une telle angoisse auparavant. Plusieurs fois, Suzanne a communiqué avec eux pour leur dire: «Qu'est-ce que vous faites là, les gars?» Alors, ils remettaient un chèque à Suzanne, et elle me le remettait ensuite. Ils agissaient avec moi comme si j'étais un pur étranger.

Pour ne pas mettre Suzanne et son époux dans l'eau bouillante, je n'ai jamais fait état à mes agents de la compréhension dont eux faisaient preuve. Toutefois, arriva un jour où, acculés au pied du mur par Pierre et Tony, il leur fut demandé de faire un choix. De se ranger de leur bord ou du mien. Suzanne et Rocky ont alors signifié à Pierre et Tony que des choix semblables, il n'y en aurait point. «Nous entendons demeurer amis d'un côté comme de l'autre...» ont-ils répliqué.

Lors de mon passage au Théâtre Saint-Denis, Justine Héroux, productrice, a assisté à mon spectacle. Après la représentation, elle est venue me voir en coulisses avec son mari, le cinéaste Claude Héroux. Elle m'a remis un scénario de film en me disant: «J'aimerais que tu lises ceci et qu'on s'en reparle!» Jamais je n'avais songé faire un film. J'ai tout de même lu le scénario. Le rôle qui m'était destiné était celui d'un chanteur très différent de ce que je suis dans la vie, le contraire même. Cette image ne m'a pas du tout accroché. Je ne tenais pas à véhiculer de telles valeurs, et certaines scènes ne me plaisaient pas. En refusant, je ne voulais pas jouer les grosses têtes. Loin de là. Devant une telle situation, je fus d'ailleurs le premier surpris de voir qu'on m'offrait un projet de la sorte. N'aurait-il pas fallu passer une audition? Comment allais-je me comporter devant une caméra? Je n'avais jamais joué. Toutefois, pour Pierre et Tony, je me devais d'accepter ce projet de film. Il n'y avait pas lieu d'avoir quelques discussions ou revendications que ce soit. «C'est la chance d'une vie!» s'exclamaient-ils.

Ce n'était pourtant pas mon opinion. J'avais la certitude de ne pas faire fausse route en refusant. De toute évidence, la rondelette somme à empocher était pour eux la véritable et seule option à considérer. Cette fois, ils allaient beaucoup trop loin. J'en avais assez qu'on bafoue mes espérances. Ce fut l'une des premières fois que j'ai vraiment mis mon poing sur la table devant Pierre et Tony. Une rencontre fut donc fixée avec Justine Héroux. J'ai averti de nouveau mes agents que j'avais des questions à poser avant d'envisager, ne serait-ce qu'un instant, d'apposer ma signature sur ce contrat. J'avais fait quelques annotations sur le script et j'en ai fait part à madame Héroux. Puis, je lui ai dit:

— Quand on a réussi à se tailler une place après nombre d'années de travail, je crois qu'il ne faut pas jouer avec cela. Désirer rallier plus de monde en sautant dans l'inconnu, ça ne me convient pas. Il ne faut pas courir deux lièvres à la fois. Je ne crois pas que votre projet cadre avec ce que je suis et où je désire aller. Et puisque votre scénario est bâti sur l'histoire d'un chanteur, je considère ce jeu très dangereux.

Je ne connaissais pas le milieu du cinéma; j'ai cru que c'était à madame Héroux de me convaincre du bien-fondé de son projet. Elle n'a pas réussi. Bien sûr, Pierre et Tony étaient en furie contre moi. Sur le chemin du retour, pas un mot n'a été prononcé. Mes agents sont, malgré tout, demeurés en contact avec Justine Héroux. Il y a même eu des rumeurs sur le projet dans les journaux.

Le 30 mai 1990, j'étais en spectacle à la salle J.-Antonio-Thompson dans le cadre de la tournée. Quand tu donnes un spectacle, il existe toujours une forme quelconque de pression, même si tu as offert ce tour de chant des dizaines de fois. Cette pression, je me l'impose presque. Il est primordial pour moi de satisfaire le public qui a déboursé un certain montant d'argent pour me voir. C'est le droit du public, c'est normal. Si je connais une journée plus ou moins agréable, il ne faut absolument pas que le public s'en rende compte.

Or, au début du spectacle, Pierre et Tony étaient là. Le rideau s'est levé. Dès ce moment, je me suis donné entièrement. Durant l'entracte, qui dura une vingtaine de minutes, je suis descendu dans ma loge qui, dans cette salle de spectacle, est située au sous-sol. Je devais alors me changer et récupérer un peu. Tandis que j'enlevais mes vêtements, on cogna à ma porte, c'était Tony.

— Je dois te parler. C'est important, me dit-il.

Sans plus de formalités, il entra, s'assit, ouvrit sa mallette et en sortit un contrat.

— Tu dois signer cela. Il me tendit les feuillets.

— De quoi s'agit-il? lui ai-je demandé.

— Tu signes ici! Ce fut sa seule réponse.

J'ai pris les papiers et je les ai parcourus rapidement. C'était une entente avec Justine Héroux. Cela stipulait que j'acceptais de tourner le film. Furieux, j'ai dit à Tony:

— Tony, j'ai dit que je ne signerais pas!

— Mais on va changer des choses dans le scénario, tu verras. Signe! insista-t-il à nouveau.

— Ce n'est pas comme ça que ça marche. Puis, d'abord, on ne parle pas business maintenant: je suis en entracte. J'ai une autre heure de spectacle à donner! Comprends-tu ça?

Sur ces paroles, Tony a repris son contrat et il l'a déchiré en m'envoyant promener. Puis il est sorti en claquant la porte derrière lui. J'ai ouvert la porte et, dans le corridor, il y avait les musiciens, le journaliste Roger Sylvain, des techniciens de la salle de spectacles et quelques curieux. Voilà que Tony me balançait à nouveau des âneries.

— Regardez Pelchat! C'est ça, Pelchat. C'est juste un... de fou! C'est un monstre. Regardez ce qu'on a fait: un monstre!

Pierre et Tony mentionnaient souvent que j'étais le fruit de leur travail, que, sans eux, je ne serais rien. Maintenant que ça ne tournait plus rond entre nous, ils disaient que j'étais ingrat au point d'en devenir méprisable. Je me demandais si je ne rêvais pas. J'ai refermé ma porte et je me suis effondré, démoli. Je n'ai jamais autant fait d'efforts sur moi-même pour refouler larmes, colère et sentiment d'anéantissement.

Les gens dans la salle ne savaient pas ce qui se passait en coulisses. Ils me réclamaient déjà. Dans le silence, j'ai peigné mes cheveux, je me suis changé. Avant de ressortir, je me suis assis quelques instants. Je me suis essuyé les yeux et j'ai demandé à Dieu des forces supplémentaires. Quand je suis sorti de la loge, les musiciens m'attendaient au pied de l'escalier menant à la scène. En passant près d'eux, j'ai senti leur compassion, leur énergie commune. Sans dire un mot, nous sommes montés et nous avons pris nos places sur la scène, attendant que le rideau se lève. Après la première chanson, j'ai scruté le visage des gens dans la salle. Ils semblaient apprécier le show. J'y ai puisé mon énergie. À la fin du spectacle, j'ai eu droit à une ovation. Je ne peux expliquer combien elle fut appréciée!

En redescendant à la loge, une fois le rideau tombé, j'ai croisé Roger Sylvain. Il n'a su quoi me dire. Il semblait abasourdi devant l'inconcevable situation. Dans le couloir menant aux loges, j'ai demandé si Tony était dans les environs. Il devait me remettre un chèque ce soir-là. Le surlendemain allait être le premier jour du mois, et je devais régler différentes dépenses. Personne ne semblait l'avoir vu. Une fois dans ma loge, j'ai enlevé mes chaussures, ma chemise et j'ai regardé à nouveau par l'entrebâillement de ma porte, au cas où je l'apercevrais. Cette fois je l'ai vu, avec Pierre et Roger Sylvain, près de l'escalier. Je suis sorti de la loge, je l'ai interpellé mais il ne s'est pas retourné.

Sur le palier au pied de cet escalier, il y a une porte de sortie qui conduit au stationnement souterrain. C'est une porte par laquelle on peut sortir mais par où il est impossible d'entrer. Ce que je ne savais pas. Toujours est-il que Roger, Pierre et Tony sont sortis par cette porte. Comme ils avaient déjà trop joué avec mes nerfs, je voulais absolument mon chèque. Je l'ai donc suivi. J'ai hélé Tony à nouveau. Une fois encore, il ne s'est pas retourné. Il est monté dans sa voiture sans me répondre. Pierre a démarré, il a reculé et ils sont tous partis. Je suis resté là, sans mon chèque et sans chaussures, torse nu, dans le stationnement devant les gens du public qui regagnaient leur voiture après le spectacle. Lorsque j'ai voulu entrer dans le théâtre, j'ai réalisé que la porte s'était refermée derrière moi. J'étais complètement découragé, dépassé par les événements. J'ai cogné sur la porte jusqu'à ce qu'un preneur de son m'entende et m'ouvre enfin. À peine rentré à l'intérieur, j'ai éclaté en sanglots. Je n'en pouvais plus.

J'avais peu de temps pour m'apitoyer sur mon sort. Ce soir-là, je devais me rendre à La Baie. J'y chantais le lendemain. C'est mon frère Steve qui conduisait durant cette partie de la tournée. Tout au long des premières heures de route, il ne m'a pas dit un mot. Il semblait aussi très affecté par ce qui s'était passé.

Plus tard, dans la nuit, il devait me confier que, dans leur rage, mes agents étaient allés le voir dans le hall d'entrée où il était responsable de la vente des disques, chandails et programmes souvenir pour lui rebattre les oreilles d'atroces mensonges. Je lui ai dit:

— Steve, est-ce que tu veux l'heure juste? Je suis ton frère, si tu veux connaître la vérité, il n'y a que moi qui puisse te la dire...

Je lui ai tout raconté concernant mes relations avec Pierre et Tony. Je ne sais ce qu'eux ont pu lui dire, toujours est-il qu'il n'a pas bronché. Je le comprenais. Il s'était fait de moi une certaine image. Et voilà que tout venait de s'écrouler devant lui, à la suite de leurs propos scandaleux. Il était plongé dans un épais brouillard. Mes agents ont semé un certain doute dans l'esprit de mon jeune frère. Il m'a fallu bien des années avant que nous puissions nous retrouver sur la même longueur d'onde, lui et moi. Je ne peux en vouloir à Steve. Les paroles marquent.

Après ces moments de confidence, j'ai dormi un peu. Brusquement, Steve m'a réveillé pour me dire: «Mario, on manque d'essence!» Nous étions au beau milieu du Parc des Laurentides. Là où il n'y a aucune trace de vie humaine à des milles à la ronde. Comme nous connaissions la route pour l'avoir empruntée de nombreuses fois, nous avons marché jusqu'à une cabine téléphonique, que nous estimions pas très loin.

Parvenus en ces lieux, nous avons constaté que l'appareil ne fonctionnait pas. Évidemment... Nous n'avons pas eu d'autre choix que de faire de l'auto-stop la nuit. C'est un chauffeur de camion qui nous a embarqués et conduits jusqu'à l'Auberge des Gouverneurs de Chicoutimi. J'ai enfin pu fermer l'œil et tenter de récupérer du mieux possible avant mon prochain spectacle. Très tôt, le matin, Steve a pris un taxi avec un bidon d'essence à la main. Il est allé récupérer la voiture. Je ne pouvais lui en vouloir parce que, très tourmenté par les événements, lui non plus n'avait pas songé à surveiller notre consommation d'essence.

Lors du spectacle de Ville de La Baie, mes parents et plusieurs membres de ma famille étaient dans la salle. Leur présence me fut d'un grand réconfort. Pierre et Tony, quant à eux, ne s'y sont jamais présentés. Comme j'étais dans ma région, j'ai senti un appui particulier du public bien que nous ayons toujours eu droit à un accueil unique, partout où nous nous arrêtions.

Après le spectacle, Steve et moi sommes rentrés à Dolbeau, où j'ai passé le week-end. Il n'y a rien comme la famille pour nous remettre de nos émotions fortes. J'ai retrouvé, chez moi, ce quotidien qui fut un baume de réconfort au milieu des épreuves que je traversais. Mes parents avaient, de leur côté, reçu un coup de fil calomniateur de la part de mes agents. Cependant, les parents ont ce sixième sens qui leur permet de discerner la vérité du mensonge, surtout en ce qui a trait à leurs enfants.

De toute façon, papa et maman en avaient vu d'autres. Chaque fois qu'un spectacle ou qu'une promotion nous conduisait au Lac, Pierre et Tony n'hésitaient pas à s'asseoir à la table de mes parents et à leur parler souvent en mal de moi. Qu'importe, papa et maman étaient toujours là pour me soutenir, mais, chaque fois, ils en ressortaient ébranlés. Et je n'aimais pas les voir partager l'angoisse que je vivais.

Comme j'ai toujours été très près de mon grand-père Pelchat, je suis allé le voir dans sa maison près du bois, où j'aime tant me retrouver. Je lui ai tout raconté. Il était hors de lui. S'il avait pu, je crois qu'il aurait fait la route Dolbeau-Montréal à pied pour aller remettre les idées de mes agents en place.

Cet épisode de la fin du mois de mai a constitué un point culminant de ma vie. Cependant, même si cette situation ne pouvait plus durer, nous sommes demeurés liés, Pierre, Tony et moi, presque un an encore. Un état de fait que je ne réussis toujours pas à m'expliquer aujourd'hui.

Chapitre 11

ATTENTION, C'EST SHOW!

Notre lot quotidien était peuplé de relations de fuites, de zones ombrageuses, d'évitements, mais où chacun trouvait sa place. S'il y en avait une.

Lorsque nous conversions sur un plan professionnel, tout était relativement calme, mais les hostilités restaient sous-jacentes et la pression était toujours grandissante. Je vivais d'extraordinaires moments, mais tout allait si vite. Malheureusement si la façade était gaie, derrière le décor il en était autrement. Tellement, que je pouvais à peine réaliser ce bonheur et savourer ce succès à sa juste valeur.

Parallèlement à ma carrière de chanteur — ce qui était et est toujours ma préoccupation première —, mes agents ont ressenti le besoin d'élargir de nouveau mon champ d'activité. Il devint évident que j'allais animer une émission quotidienne de variétés à l'automne 1990, le feu qui brûlait déjà entre Pierre, Tony et moi ne s'en trouva pas apaisé. Loin de là.

Ce chapitre de ma vie a débuté en mars 1990, durant le tournage du clip *Quand on y croit*, l'unique vidéo tourné à partir de l'album *Couleur Passion*.

Mes agents ont eu un premier contact avec Yves Asselin, directeur de la programmation du réseau de télévision Pathonic, à Québec. Pierre et Tony me parlaient de cette éventuelle émission de télévision comme s'il s'agissait d'un show semblable à celui d'Arsenio Hall, la star américaine. Ce soir-là, une entente fut conclue. Toutefois, lorsque j'appris que l'émission serait diffusée à midi, je me suis interrogé sur son véritable contenu.

— Je ne crois pas qu'un show comme celui d'Arsenio convienne pour cette case horaire? ai-je dit à Pierre et à Tony plus d'une fois.

Tout en maintenant qu'il s'agissait d'un concept idéal pour le chanteur que j'étais, ils m'ont rapidement acculé au pied du mur en me disant:

— T'accepte ou tout est fini là! C'est comme ça!

J'étais inquiet concernant ma contribution à cette formule. À ce sujet, j'ai même appelé Mouffe, qui était devenue une amie.

— Tu ne crois pas que je vais régresser. Je n'ai pas l'impression que ça me convient, ce show du midi. Ça ne s'adresse pas vraiment à mon public qui, de toute façon, n'est habituellement pas au rendez-vous à cette heure-là...

Mouffe, qui abondait dans le même sens, m'a répondu:

— Le terme régression est peut-être fort, mais je peux comprendre que tu n'aies pas le goût d'embarquer dans un projet semblable.

À la fin de l'été 1990, à contrecœur, j'ai tout de même pris la route de Québec où l'émission était produite. Je pensais: «Je suis un chanteur, pas un animateur. 7ᵉ Ciel, c'était suffisant et ça me collait davantage à la peau.»

Dès les premières réunions, ce fut évident que je ne me sentirais pas bien dans ce concept. À peine avions-nous tourné une émission pilote, que j'ai vite constaté que c'était bien loin d'un *Arsenio Hall Show*. Il y avait, au centre du décor, une affreuse fontaine que, fort heureusement, Pierre et Tony ont fait enlever avant le lancement de la saison. D'ailleurs, au cours de la saison, le décor devait connaître différentes transformations. Je n'avais rien contre la formule des variétés du midi qui se dessinait sous mes yeux, mais de là à en devenir l'un des animateurs, il y avait un pas. Un très grand pas. Mais que faire? Par contrat, j'étais lié à la production.

Ainsi, du début de septembre, et ce, toutes les semaines, je quittais mon appartement du Vieux-Montréal la voiture pleine de vêtements, disques, chansons, articles de cuisine et quoi encore!

À Québec, je devais toutefois découvrir une belle équipe. Tout le monde sur le plateau formait une famille. J'ai pu constater que, dans la Vieille Capitale, on ne faisait pas de la télévision comme à Montréal. J'ai apprécié le rythme de travail différent et la complicité que j'ai développée avec les cameramen, les maquilleuses, les techniciens, etc.

En ce début de saison difficile, j'ai pu apprécier le soutien et l'encouragement de mon coanimateur, Claude Boulard. Quelques semaines après notre arrivée en ondes, nous avons pu bénéficier d'une semaine de congé. J'avais besoin d'un dépaysement total au cours de cette semaine, et j'ai décidé de me rendre en Europe pour une première fois. J'y ai passé une merveilleuse semaine, au cours de laquelle j'ai séjourné, entre autres, à Biarritz et dans quelques villes du pays Basque.

Étrangement, lorsque j'avais planifié mon retour à Montréal, peu avant mon départ, Tony avait insisté pour venir m'y chercher. Ce que j'avais accepté et confirmé à nouveau auprès de lui, la veille de mon départ de France. Pourtant, personne ne m'attendait lorsque je suis passé aux douanes, à Mirabel. Après quelques minutes d'attente, j'ai appelé chez Pierre et Tony. Tony a répondu. Je me suis, bien entendu, montré surpris:

— Que fais-tu chez toi, ne devrais-tu pas m'attendre à l'aéroport?

Il me raconta qu'il m'avait attendu des heures avec une limousine et son chauffeur et que, finalement, il avait décidé de s'en aller en se disant: «Il s'arrangera par ses propres moyens... »

Au cours de cet échange, Tony me parla sur un ton qui me laissait sentir qu'il me considérait à nouveau comme un moins que rien. Comme si je n'étais jamais parti, finalement. Et puis, louer une limousine pour venir me cueillir? Voilà un traitement de star dont je n'ai jamais compris la raison. Enfin... Je suis rentré chez moi en taxi sans trop me poser de questions. J'avais pu m'évader de tout ce cirque durant une semaine. Je ne désirais surtout pas sauter à nouveau dans le ring à la minute même où je remettais les pieds au Québec.

De retour à mon appartement du Vieux-Montréal, j'ai appris par le biais des journaux que mon coanimateur avait été changé. On avançait même, dans certains journaux, qu'il existait un conflit entre Claude et moi, ce qui était totalement faux. J'étais d'ailleurs bien triste pour Claude Boulard, en qui j'avais découvert un homme gentil, disponible et généreux de ses connaissances, de son expérience. Mais ce genre de décision ne m'appartenait pas; c'était une décision de la production. On changeait sans préavis le style de l'émission, et mon nouveau coanimateur était dorénavant Pierre Poitras. Pierre m'avait déjà interviewé à quelques reprises à la télé comme à la radio. Chaque fois, une belle chimie s'était établie entre nous. Dès la reprise des enregistrements, nous devions retrouver cette magie sur le plateau. Enfin, tout semblait couler plus doucement. À mon plus grand soulagement. Mais je rêvais en couleurs...

Dans l'entente conclue avec Coscient, les producteurs de *Attention, c'est show*, une clause stipulait que le producteur devait m'allouer des montants d'argent additionnels pour couvrir les dépenses relatives à mon hébergement à Québec et à ma garde-robe sur le plateau. Il s'agit en fait de ce qu'on appelle dans le métier un per diem. Ce montant s'ajoute au cachet négocié.

Quand je partais en tournée de spectacles dans la province, je touchais aussi un per diem. Ce montant m'était alloué par la production du spectacle pour payer mes chambres d'hôtel et mes repas. Jamais je n'avais relevé d'anomalies quant aux versements de ces montants en tournée.

Selon notre entente initiale, le cachet perçu pour la participation à la promotion de Coscient était divisé 50/50 avec mes imprésarios, qui avaient négocié le contrat. Mon per diem, quant à lui, devait être ma possession exclusive. Il s'agissait d'argent attribué pour mon régime de vie, imposé par ma présence hebdomadaire à Québec. Toutefois, j'ai vite réalisé que mes agents encaissaient aussi 50 % de cette somme.

La première fois où j'ai pris conscience de ce manège, c'était à Montréal. Avant tout, je dois expliquer qu'à l'été 1990, Pierre et Tony avaient déménagé à leur tour. Ils avaient quitté leur résidence de Saint-Lambert pour s'établir dans le même immeuble que moi dans le Vieux-Montréal, et bien malgré moi d'ailleurs. Heureusement, nous accédions à nos appartements respectifs par des halls d'entrée distincts, ce qui me permettait tout de même de conserver une certaine intimité. Nous partagions toutefois le même grand garage intérieur, et c'était assez pour me déplaire. Je désirais donc toucher mon per diem pour une des premières fois. J'avais fait beaucoup de dépenses relatives à mon installation à Québec.

Pour ce faire, je me suis rendu chez Pierre et Tony puisque c'est chez eux, à l'adresse de Cogian, que tous mes cachets entraient. Sans rouspéter, Tony m'a remis un chèque et je suis retourné chez moi. C'est seulement dans mon appartement que j'ai constaté qu'il avait soustrait 50 % du montant prévu. Mes parents étaient chez moi à ce moment-là. Je leur fis part de l'injustice: ils n'en revenaient pas. Moi, j'étais si en colère que j'ai préféré attendre le lendemain matin pour retourner voir Tony. Le lendemain donc, assis dans son salon, j'ai haussé le ton. J'ai dit à Tony:

— J'ai établi une liste détaillée de ce que j'ai eu besoin d'acheter à Québec jusqu'à présent. Toutes ces dépenses sont justifiées. La somme attribuée pour celles-ci me revient en totalité et tu le sais très bien, Tony! Tu as signé l'entente!

Il m'a répondu qu'il savait très bien ce dont j'avais besoin à Québec, que le fait de lui énumérer ces besoins était une insulte à son intelligence. Puis, il ajouta:

— Que veux-tu, on a changé d'idée. Le reste n'est pas mon problème, c'est le tien.

Je ne pouvais pas croire que mes agents allaient maintenant agir de la sorte avec moi. Une fois de plus, je suis rentré chez moi, découragé. Ma mère, elle aussi dépassée par les événements, a tenté du mieux possible de me réconforter. Le lendemain, sans avoir pu toucher mon per diem, j'ai repris la route pour Québec. Malgré tous mes problèmes, je me devais de remplir mes engagements. Je m'en faisais un devoir.

Durant cette semaine à Québec, j'ai visité une maison à louer sur la rue Salaberry; c'était celle de l'animateur Michel Jasmin. Le chanteur Patrick Zabbé, de passage à l'émission, me suggéra cette visite. Depuis le début de la série, j'habitais à l'hôtel. J'espérais cependant ne pas devoir y passer la saison entière. Michel avait acheté cette maison alors qu'il animait une émission de télévision au réseau Pathonic, quelques années plus tôt. Depuis, il avait regagné Montréal, et sa maison était vide. Comme l'endroit me plaisait grandement et que la maison était inoccupée depuis déjà trop longtemps, Michel accepta de me la louer pour une mensualité très raisonnable, à la condition que la maison reste ouverte à d'éventuels acheteurs.

Quand j'ai pris possession de la maison, elle était loin d'être habitable puisqu'elle était à l'abandon depuis deux ou trois ans. Une copine du Lac-Saint-Jean, de passage à Québec, s'est portée volontaire pour faire un grand ménage pendant que j'enregistrais dans la journée.

Sonia a fait reluire tous les recoins de la maison, et je n'ai pas manqué de lui dire combien son geste était apprécié. J'ai acheté quelques meubles, de la vaisselle, de la literie et j'ai investi les lieux. J'ai aimé habiter cette maison durant cette saison. Comme il y avait trois chambres à coucher, j'ai offert une chambre à Suzanne, qui était à nouveau à mes côtés sur le plateau de *Attention, c'est show*. Elle était également styliste à cette émission. Puis, malgré toute la bisbille, j'ai offert la chambre d'amis à Pierre et Tony, pour leurs passages à Québec, à l'occasion.

Non pas qu'ils venaient sur le plateau de l'émission — ils n'y sont venus qu'en de rares occasions —, ils étaient dans la Vieille Capitale pour faire la promotion d'un nouveau chanteur, Stéphane Bass, et de Claudette Dion dont ils géraient aussi les carrières depuis peu.

D'ailleurs, Claudette fut régulièrement invitée à l'émission au cours de la saison et jamais Pierre et Tony ne sont venus coucher à la maison en ces occasions. Ils optaient pour l'hôtel tandis que Claudette m'a rendu visite à l'occasion.

En ce qui concerne mes per diem, j'ai communiqué avec le directeur de la maison de production Coscient. Après lui avoir expliqué la situation, il a consenti à émettre ces chèques à mon nom personnel et à me les remettre en main propre sur le plateau.

Bien entendu, quand mes agents ont pris connaissance de cette nouvelle mesure, ils ont bondi. Mais pouvions-nous agir autrement? Mes différentes démarches auprès d'eux n'avaient donné aucun résultat. Plus que jamais, dans les mois qui ont suivi, Suzanne est devenue une intermédiaire entre Pierre, Tony et moi. D'ailleurs, elle épongeait souvent les conséquences de nos conflits, des larmes.

À ce point, j'aurais dû tout de suite mettre Tony au pied du mur, dès mon retour, sous la menace, par exemple, de ne pas me présenter en studio. J'aurais dû lui réclamer les sommes d'argent qu'il me devait: l'avance hebdomadaire que Pierre et lui me donnaient toujours — la plupart du temps après des pourparlers lourds et excessifs — étaient également au cœur du litige. Je devais quémander le moindre sou. J'aurais dû entamer des procédures judiciaires, mais la justice était alors un monde que je ne connaissais pas, que je craignais, même.

Je remettais à plus tard en me disant que toutes mes énergies devaient être réservées pour la scène et la caméra. Je me devais d'être performant, apparemment détendu et sûr de moi. De semaine en semaine, je ne sais trop comment, mais je parvenais à le faire. Avec tout le courage que ça prenait. De toute façon, je ne partageais pas beaucoup mes problèmes avec mon entourage. Je n'ai jamais aimé ce genre d'attitude. Tous savaient que je vivais d'importants conflits avec mes agents, mais je demeurais, tant bien que mal, au-dessus de mes affaires et en contrôle de la situation. En apparence.

Malgré toutes les distorsions internes, le bilan que je traçais alors de ma carrière était réjouissant. J'avais maintenant deux disques à succès à mon actif, mes chansons passaient abondamment à la radio, j'étais assuré de présences régulières à la télévision et je poursuivais une seconde tournée de spectacles à travers la province. De plus, Pierre et Tony, dont l'apport à toutes ces initiatives demeurait indéniable, avaient récemment fondé mon premier fan-club officiel. L'entreprise s'avérait aussi une réussite. En octobre 1990, cette nouvelle vague devait m'emporter vers de nouveaux sommets, lors du *Gala de l'ADISQ*. Ce grand moment de ma carrière devait toutefois être précédé de nombreux heurts.

Le jeudi précédant le gala, nous recevions Roch Voisine en studio: le chanteur venait tout juste de lancer son album double. Pour une rare occasion, mes imprésarios étaient présents sur le plateau. J'ai présumé qu'ils étaient là pour faire la connaissance de la nouvelle coqueluche qu'était alors Roch Voisine.

Comme d'habitude, nos émissions sont préenregistrées. Celle-ci devait être diffusée le lundi suivant,

soit le lendemain du *Gala de l'ADISQ*. Toutefois, sur
la feuille de route détaillant l'enregistrement du jour,
j'ai pu lire que l'émission serait diffusée dès le
lendemain, le vendredi, plutôt que le lundi suivant.
Pierre et Tony, en constatant ce changement, s'y sont
opposés. Ils trouvaient inconcevable que l'émission
soit diffusée deux jours avant le gala. Il faut dire que
Roch et moi étions tous deux en nomination dans la
catégorie Interprète masculin de l'année.

Je pouvais comprendre leurs réticences, mais,
pour ma part, je n'accorde pas de véritable importance à ce genre de détails. Je ne concevais nullement
la présence de Roch dans le paysage musical
québécois, ou encore dans la même catégorie que
moi, comme une lutte à finir entre nous. Toutefois,
cet imbroglio a conduit Tony jusqu'au bureau du
directeur de la programmation où, dans une envolée
tapageuse, il a été jusqu'à l'affubler du nom de «gros
sac à vidanges». Encore une fois, j'ai été dépassé par
le scénario qui se développait sous mes yeux. Après
cet incident, Pierre et Tony se sont présentés dans ma
loge, et ils m'ont enjoint, sur un ton très ferme:
«Ramasse tes affaires, on s'en va! T'anime pas le
show!»

Depuis le début, je me faisais un devoir d'être à
mon poste malgré tous les conflits entre nous. Plus
encore, j'ai aussitôt pensé aux conséquences que
mon départ du plateau pourrait avoir et pourrait aussi
signifier à l'avant-veille du gala.

Pendant que toutes ces pensées déboulaient dans
ma tête, j'ai conduit Pierre et Tony dans la salle de
conférence, voisine des loges. Sur le même ton qu'ils
avaient utilisé quelques minutes auparavant, je leur ai
annoncé:

— Je regrette, les gars, j'ai du respect pour vous,
vous en faites beaucoup pour moi, mais, aujourd'hui,

j'anime cette émission et je vais parler à Roch Voisine et nous allons faire un bon show!

Suzanne est aussi intervenue pour tenter de les raisonner. Pierre s'est davantage montré conciliant, comme s'était souvent le cas. Tony et lui ont finalement quitté les lieux. Pour la première fois, j'ai totalement défié mes agents.

Avant l'enregistrement, je suis allé rencontrer Roch. Je savais bien qu'il avait pris connaissance du brouhaha entourant sa présence. Il a été très courtois. Je lui ai même demandé un autographe pour une amie qui l'admire beaucoup.

Durant l'émission, nous avons interprété chacun une chanson et nous nous sommes bien amusés en entrevue. Il a également été touché par une surprise de taille que nous lui réservions: ses grands-parents étaient parmi nous.

Comme convenu, l'émission fut diffusée le lendemain. Ce vendredi-là, puisqu'il n'y avait pas d'enregistrement, je suis revenu à Montréal. Le samedi, j'ai rencontré Pierre et Tony. Je leur ai expliqué pourquoi je tenais à animer l'émission. La conversation fut plutôt calme et civilisée. En soirée, je me suis détendu en prévision du gala.

Le dimanche matin, j'ai participé à un enregistrement de l'émission *Coup de pouce télé*, animée par Alain Choquette et Élaine Lauzon dans les studios de TQS. En début d'après-midi, je me suis rendu chez Pierre et Tony. C'est là que j'ai vu, pour la première fois, ce que j'allais porter le soir: ce fameux veston blanc vanille, garni d'«enfirloupettes en chocolat», comme on l'écrivit souvent par la suite. Cette veste était une création de Gilbert Dufour. Gilbert m'avait déjà habillé dans le passé, entre autres, pour *7e Ciel*. J'avais toujours grandement apprécié ses créations.

Toutefois, à la fin de 1989, il se mit à réaliser des lignes plus excentriques qui me plaisaient moins. Je n'ai pas tellement apprécié ce veston, mais comme je ne me considérais pas comme un grand connaisseur en mode, j'ai fait confiance aux gens qui m'entouraient. Par contre, je ne savais pas que Suzanne n'avait pas été consultée sur le choix de cette tenue. Elle lui avait été imposée. Mon coiffeur Steve Daviau était aussi présent. Au cours de l'après-midi, il a réalisé la coiffure de Claudette Dion et il a aussi placé mes cheveux. Cette image «placée» était une idée et une décision exclusive de mes agents. Aujourd'hui, je m'affirme à ce propos. Je ne me laisse plus imposer ce genre d'empesage qui m'irritait pourtant énormément.

Durant le gala, auquel ont aussi assisté mes gérants, Suzanne et son époux, je me suis senti excessivement nerveux. J'avais été mis en nomination l'année précédente, dans la catégorie Nouvel album, mais comme je ne croyais pas vraiment en mes possibilités de remporter le prix, je n'avais pas ressenti les mêmes sentiments. Cette fois-ci, j'étais nerveux parce que j'avais de bons feelings.

Lorsqu'est venu le temps d'annoncer les gagnants, je me suis senti seul dans l'immensité de la grande salle de la Place des Arts. Puis, la chanteuse Véronique Béliveau, présentatrice de la catégorie Interprète masculin de l'année a dit:

— Et le Félix va à... Mario Pelchat!

Un tremblement de terre intérieur m'a complètement ébranlé. C'est avec beaucoup d'émotion dans la voix que j'ai remercié ma famille pour tout ce qu'elle avait fait pour moi, Rocky et Suzanne Colello, qui étaient toujours là pour me soutenir, et j'ai également remercié Pierre et Tony pour avoir cru en moi. Pendant que je parlais, je pensais également à tout ce que je vivais quotidiennement. C'était douloureux. D'autant plus que tous ces conflits étaient toujours inconnus du grand public. Ce public qui me décernait ce soir-là, un prix auquel j'avais rêvé je ne sais combien de fois depuis ma tendre enfance. Un prix auquel on rêve en secret en se disant parfois: «Oui, je peux y parvenir» et en pensant, d'autres fois: «Ce sont des illusions et c'est pour les autres, finalement...»

Remporter un Félix, c'est unique. Surtout lorsqu'on pense que celui-ci, que tu tiens entre les mains, est accordé par le vote populaire. Toutefois, dans la folie des jours qui ont suivi cette victoire, je ne l'ai pas pleinement réalisé. Ce n'est qu'une dizaine de jours plus tard que ce Félix m'a véritablement séduit.

Étendu sur mon lit, je le regardais, se tenant majestueusement sur ma table de chevet. Je relisais continuellement l'inscription sur la plaque, comme si je ne le croyais toujours pas. Dès que j'en ai eu la possibilité, je suis allé au Lac-Saint-Jean avec lui. Je l'ai montré à toute la famille. Tout le monde voulait y toucher. Mes parents étaient si fiers. On revoyait, bien sûr, tous ces concours, tous ces spectacles ici et là et les difficultés... Ce trophée venait de me donner raison. Raison d'avoir persévéré. Raison d'y croire. Les trophées qui suivent sont, bien sûr, grandement appréciés, mais ils n'ont malheureusement pas la signification du premier. Tu essaies toujours de te surpasser pour réussir le même exploit, et si tu y parviens, la satisfaction est grande, mais l'euphorie n'est plus la même.

Cette première récompense de prestige fut l'aboutissement de tous les rêves qu'un enfant devenu adulte peut transporter avec lui au fil des ans. Toute une histoire, serait-on porté à croire, parce que, finalement, je suis un grand enfant qui ne tient pas à perdre cette naïveté et qui s'émerveille de peu. Je sais également qu'il ne faut pas prendre les choses trop au sérieux. Ainsi, ces moments d'euphorie passent. Les Félix sont oxydés, et, à moins de les polir régulièrement, leur lustre demeure éphémère.

Après la présentation du gala, Pierre et Tony m'ont félicité. Roch Voisine est également venu me serrer la main. Tout le monde était très heureux pour moi. Moi, j'étais tout sourire. J'avais remporté le convoité Félix à la suite d'un vote du public. Je n'étais donc pas sans savoir que ma présence à l'écran, comme sur scène au cours des deux dernières années, n'était certes pas étrangère à cette victoire. Je me suis donc senti très fier du travail accompli et de l'effort fourni. Le lundi matin, de retour sur le plateau de *Attention, c'est show*, ce fut la fête.

La semaine suivant le gala, on fit largement état du style particulier de mon veston. À un point tel que la tenue fut consacrée au *Bye Bye* de fin d'année quand René Simard me parodia. On fit également état, malheureusement, de l'éclat de mes agents sur le plateau de l'émission. Ce fut d'ailleurs les premières des nombreuses fuites d'une longue saga qui allait alimenter les journaux au cours des deux années suivantes.

Cette même semaine, des supplémentaires furent annoncées dans le cadre de ma tournée et j'ajoutais cinq spectacles au Théâtre Saint-Denis. Je garde un excellent souvenir de l'accueil du public à ces nouvelles représentations. Comme je le fais souvent, je prenais plaisir à aller sur scène et à entrouvrir le rideau avant le spectacle pour observer les gens. Les voir entrer dans ces immenses salles et prendre place dans leur fauteuil, anxieux de me voir apparaître, me donne toujours le frisson.

J'avais maintes et maintes fois ressenti cette émotion qui nous gagne tous avant d'assister à un spectacle. Cette fois, les gens avaient ce sentiment pour moi. Après les spectacles, je signais des autographes par centaines, comme si chacune de ces personnes était une amie. C'est unique et c'est un privilège à la fois de pouvoir vivre tout cela. Ma victoire au *Gala de l'ADISQ*, suivie par une grande majorité des Québécois à la télévision, a créé un mouvement nouveau autour du chanteur que je suis. Cette effervescence m'a grandement nourri et touché.

Après ma victoire, j'ai aussi beaucoup pensé à Johanne. Elle aurait été si fière de moi, elle aurait partagé avec moi cette joie immense. Sur l'album *Couleur Passion* figure une chanson intitulée *Encore une fois*. Daniel Deshaime a écrit cette chanson en prenant Johanne et sa courte vie pour inspiration. Lors des spectacles qui ont suivi le *Gala de l'ADISQ*, on aurait dit que je ne l'interprétais plus de la même façon. Quand je chantais:

> *Si tu me voyais à la télé*
> *Tu dirais que j'ai bien changé*
> *Parfois j'ai peur de t'oublier*
> *Même si je sais que je dois trouver*
> *la lumière sans toi*

J'avais l'impression d'avoir trouvé cette lumière. Le grand public me disait, de ce Félix et son nouvel enthousiasme: «Mario, tu as ta place!» Je ressentais une nouvelle énergie monter en moi. Je suis persuadé que le public, au cours d'un spectacle, est un grand percepteur d'émotions; je suis donc convaincu qu'il ressentait également cette source nouvelle. D'ailleurs, dès ce jour, la réaction des spectateurs à cette chanson n'a plus été la même qu'au début de la tournée.

Le nouvel essor qu'a pris ma carrière m'a permis de reprendre aussi l'affiche au Grand Théâtre de Québec. À ma première apparition dans ces lieux, mes parents sont venus m'applaudir. Ils sont arrivés très tôt au théâtre et ils m'ont rejoint dans ma loge. À cet endroit, il y a une porte qui conduit directement à la scène, et je les ai invités à la traverser. Je tenais à ce qu'ils foulent les planches à mes côtés. Je voulais leur faire partager ce que je pouvais ressentir quand le rideau se lève. Au centre de la scène, ils sont restés figés. Maman n'avait pas les yeux assez grands pour tout voir, pour tout ressentir alors que papa était sidéré devant l'ampleur de la salle. D'abord, le parterre, ensuite, les balcons et les corbeilles. Lui, qui a toujours rêvé secrètement de chanter — comme maman d'ailleurs —, comprenait pour la première fois un peu mieux le travail que je faisais. Après un long silence, il s'inquiéta:

— Mario! Tu vas chanter ici ce soir... Comment vas-tu faire?

Et je lui ai répondu en souriant:

— Ne t'en fais pas pour moi! C'est à guichets fermés ce soir et demain soir aussi.

Ses genoux ont fléchi. Maman, papa et moi avons tellement ri que l'écho de cette rigolade a dû résonner jusque dans le hall d'entrée où le public commençait à arriver.

En plus de ma tournée de spectacles, j'ai poursuivi ma saison à la télévision, même si le concept de l'émission ne me plaisait pas véritablement. Pour des raisons techniques, je ne chantais pas très souvent durant l'émission, ce qui ne contribuait pas à améliorer la situation. Je sais que je n'ai pas toujours été des plus dociles sur ce plateau, et même si, en coulisses, je vivais des moments difficiles, cela n'excuse pas mes impatiences. Toutefois, chaque fois que j'ai cru avoir blessé quelqu'un, je me suis toujours fait un devoir de m'excuser. Éviter certaines personnes parce que nous avons des divergences d'opinion n'a jamais été une approche que j'ai privilégiée. Je ne peux tolérer les faux-fuyants.

Au cours de l'année 1990, Tony est entré à l'hôpital plus d'une fois en raison de sa maladie. Pierre était souvent à ses côtés. Suzanne s'est donc occupée plus officiellement de certaines tâches au sein de l'organisation, tâches qui débordaient largement son mandat de styliste.

Dans ces fonctions, elle démontrait un dynamisme que j'appréciais beaucoup. Sa présence dans la partie gestion de ma carrière était également une accalmie dans le tumulte. J'appréciais recevoir des encouragements avant un spectacle et pendant un entracte. Avec la présence de Suzanne, et très souvent celle de Rocky, à mes côtés, je me suis senti soutenu comme jamais auparavant. Heureusement, au cours de cette année, j'ai aussi vécu de beaux moments avec mon père.

Il avait décroché un important contrat à Montréal et il a vécu sept mois chez moi, dans le Vieux-Montréal. J'étais souvent absent en raison de mes enregistrements à Québec, mais chaque jour passé à la maison en fut un de partage et de retrouvailles. Papa et moi avions souvent eu des différends lorsque j'étais jeune. Pourtant, il demeurait mon idole. J'admirais chacun de ses gestes, chacune de ses réussites. Quand j'allais sur les chantiers avec lui, je répondais fièrement à tous ceux qui me posaient la question:

— Moi! Je suis le garçon de Réal Pelchat!

Sous le toit familial, nos rapports n'étaient malheureusement pas toujours marqués du même enthousiasme. Au cours de ces mois passés à nouveau sous le même toit, nous nous sommes grandement retrouvés.

Maman venait aussi rejoindre papa; ils étaient là, près de moi, dans ces moments difficiles. Quant à ma vie personnelle à Québec, eh bien! je retrouvais toujours mon équipe avec plaisir. Nous partagions souvent de bons repas en soirée, nous assistions à des spectacles à l'occasion. Dans la maison de Québec, j'ai aussi eu l'occasion de recevoir des amis du Lac-Saint-Jean. Tous ces êtres chers ont aussi beaucoup contribué à me remonter le moral au cours de cette saison difficile.

Quand il fut annoncé que *Attention, c'est show* n'allait pas revenir pour une seconde saison, que les enregistrements allaient donc bientôt prendre fin définitivement, la relation qui existait alors entre mes agents et moi avait atteint son plus bas niveau. D'ailleurs, ils n'assistaient plus jamais aux enregistrements. Quelques mois plus tôt, ils avaient mis sous contrat un nouveau chanteur: Stéphane Bass. Ils ne s'étaient pas gênés pour me dire que Stéphane allait représenter un concurrent de taille. Je n'avais qu'à bien me tenir si je ne voulais pas me voir disparaître du showbiz québécois, prétendaient-ils.

Bien que cette attitude me blessât au plus haut point, je n'ai jamais eu de craintes particulières. Sans prétention aucune, un chanteur ne m'a jamais fait peur au point de vouloir arrêter de chanter. J'ai confiance en mes moyens et je sais que j'ai ma place sur la scène artistique québécoise. Je connais mes forces et mes faiblesses.

Dès que j'ai commencé à préparer mon retour définitif à Montréal, cela a donné lieu à une nouvelle prise de bec entre Tony et moi. Il me réclamait maintenant une partie du montant d'argent que j'avais récupéré en vendant certains meubles de la maison de la rue Cartier. C'était ridicule. D'abord, cet ameublement était très sobre et je me l'étais procuré à partir des cachets que j'avais touchés. Je ne comprenais vraiment plus.

Et que dire de toute cette histoire qui traînait en longueur à propos d'un costume de scène. Il n'y avait rien là pour apaiser les tensions...

Au cours de ma tournée, j'étais habillé par Mousseline. Je me sentais très bien sur scène dans un costume noir avec une chemise à imprimé.

Pourtant, un jour, Tony m'a fait faire un nouveau costume de scène signé Gilbert Dufour, designer du veston noir et blanc porté à l'*ADISQ*. Cette fois, il avait confectionné un blouson de cuir garni de suède et de franges. Cette frange était constituée de multiples cordons rouges où étaient attachées des billes de bois. Ces pendentifs étaient devant et derrière. Il y en avait également sous les bras, où ils atteignaient près de 60 centimètres de longueur. C'était affreux.

Je tiens à souligner mon respect pour Gilbert Dufour et son travail ; l'idée pour la conception de ce vêtement était celle de mes agents. J'ai accepté de le porter une première fois sur scène, mais je m'y sentais si mal à l'aise que j'avais peine à bouger convenablement. Je me suis donc promis de ne plus porter ce blouson puisqu'il m'incommodait jusque dans mes interprétations.

Pierre et Tony se sont fait un devoir d'être présents aux spectacles suivants pour s'assurer que je portais bien le fameux blouson. Je ne tenais pas à revivre l'enfer vécu des mois plus tôt à Trois-Rivières. J'étais sur le point de remonter sur scène, et, pour ne pas revivre la même chose, j'enfilais le vêtement en question dès que j'apercevais Pierre ou Tony dans la salle ou en coulisses avant un spectacle. Je ne pouvais croire que nous en étions rendus à ce point. De l'enfantillage...

D'ailleurs, Suzanne a écopé d'une façon inacceptable parce qu'elle a un soir fait part à mes imprésarios de sa préférence pour les vêtements de Mousseline. Je suis convaincu qu'à partir de ce moment-là le mince fil d'amitié qui unissait Pierre, Tony, Suzanne et Rocky depuis nombre d'années s'est brisé. Malheureusement et non sans de vives émotions pour Suzanne et son époux. Malgré toutes les contraintes, ils étaient demeurés fidèles à Pierre et Tony autant qu'à moi. Ce qui a causé aussi un stress insupportable dans la vie de Suzanne et de Rocky.

Lors du dernier spectacle, après 17 mois de tournée *Couleur Passion*, j'ai décidé de porter mon costume préféré quoi qu'il advienne. C'était à la Salle André-Mathieu, à Laval. J'étais au bout du rouleau et Pierre et Tony n'allaient pas gagner sur ce point.

À leur arrivée, ils ont aussitôt sommé Suzanne de me dire de porter le blouson de cuir. Pour éviter le pire, parce que la soupape était vraisemblablement sur le point de sauter, j'ai porté à nouveau le fameux blouson. Sur scène, obsédé par le vêtement que j'aurais pu couper en petits morceaux tellement je le haïssais, j'ai oublié les paroles de la chanson *One More Try*, de Georges Michael. Je me suis excusé, mon chef d'orchestre a repris la chanson. Après quelques phrases, autre trou de mémoire. Je ne me souvenais plus de rien. Plusieurs fois durant le spectacle, je me surpris à être complètement perdu dans mes pensées. Le public a été très indulgent ce soir-là.

Par moments, j'ai eu envie de pénétrer chez Pierre et Tony et de tout démolir à coups de masse. Je n'en pouvais plus. Pendant un court laps de temps, j'ai compris que les gens qui font des gestes semblables sont poussés par le désespoir. Bien des idées du genre m'ont traversé l'esprit, mais, encore une fois, qui en aurait été le plus perdant? Moi. Et tout cela, pour quelques minutes de soulagement passager.

Je ne suis jamais passé aux actes parce que je sais qu'il faut respecter l'être humain et les biens d'autrui. Toutefois, je savais que nos relations avaient atteint un point de non-retour. Je n'en pouvais plus de faire de l'angoisse. Je ne dormais plus. Je ne pouvais même plus respirer librement. Tout avait été très vite depuis des mois! Dorénavant, je pensais au moment le plus opportun pour mettre un terme à ces non-sens.

Il faut préciser que, jusqu'ici, je n'ai raconté qu'une bien courte partie des mauvais rapports qui ont existé entre nous. Je préfère ne pas relater tous les gestes, tous les mots et toutes les actions qui ont marqué notre association. Plus encore, j'ai souvent insisté sur les bons côtés et les visages les plus beaux. Pourquoi? Parce que je crois que l'amour couvre une multitude de maux et que je me rendrais mesquin en relatant indéfiniment tous les aléas de notre histoire. Je crois le lecteur suffisamment analyste pour s'imaginer l'ampleur de la situation, la véritable, car elle était malheureusement bien pire que ce que je peux décrire dans ces pages. Mentalement, physiquement et psychologiquement, elle était insupportable.

Chapitre 12
LA JUSTICE

Peu de temps avant la fin de la série de télévision, devant l'impasse dans laquelle je me trouvais avec mes agents, j'ai pensé à Guy Cloutier. Homme d'expérience, il avait toujours su me donner de bons conseils. Je l'ai donc appelé de Québec pour lui dire mon envie de le rencontrer à mon retour à Montréal. «C'est à propos de Pierre et Tony», lui ai-je simplement laissé entendre. Je ne voulais pas élaborer sur le sujet au téléphone. Nous avons fixé un rendez-vous pour le lundi suivant, en fin de soirée, chez moi, dans le Vieux-Montréal. Guy s'est présenté comme prévu. J'étais heureux de le revoir. Tout en sirotant un Grand Marnier, je me suis ouvert à lui. Me confier ainsi m'a fait le plus grand bien et, sans adopter un point de vue radical, Guy a su m'éclairer en me proposant différentes avenues.

Je lui ai montré le contrat qui me liait à Cogian. Je lui ai expliqué que je voulais maintenant, plus que tout, être libéré de cette entente. Je lui ai aussi fait part de ce qui me préoccupait dans cette éventuelle séparation: il y avait une importante somme d'argent impliquée.

Verbalement ou par écrit, j'ai fait référence à cette somme d'argent en plusieurs occasions avec mes agents. Mais, chaque fois, ils s'étaient montrés si intransigeants. Et puis, ils me disaient que, dorénavant, ils misaient tout sur leur nouveau poulain: Stéphane Bass. Je réalisais très bien qu'après ma saison à la télévision rien ne s'annonçait à l'horizon pour moi. Je craignais de perdre ces milliers de dollars. Depuis septembre 1989, je touchais 1 000 $ par semaine. Toutefois, je savais pertinemment qu'il entrait beaucoup plus d'argent dans les caisses. Ce qu'ils me versaient n'était qu'une goutte d'eau. Je jugeais, qu'en plus de ces avances hebdomadaires, mes imprésarios me devaient une somme se chiffrant entre 50 000 à 100 000 $.

D'abord, les ventes de l'album *Mario Pelchat* dépassaient maintenant les 70 000 copies. L'album *Couleur Passion* s'était, à cette date, écoulé à 55 000 copies environ. Pour ces milliers de copies vendues, je n'avais touché que 3 750 $. De plus, les imposants cachets perçus pendant mes saisons de télévision, les redevances pour la centaine de spectacles offerts en tournée, posaient des problèmes. Toutefois, quant aux chiffres réels de ces rentrées d'argent chez Cogian, je nageais dans le néant. Concernant les cachets empochés pour mes prestations télévisuelles, je pouvais néanmoins me référer aux copies de contrat déposées à l'Union des Artistes. Le milieu de la télévision est régi par ce syndicat, mais, au sujet des royautés non touchées sur disque et des redevances pour les spectacles, il m'était difficile d'évaluer avec précision ces montants. Seuls Pierre et Tony possédaient toutes les véritables données. J'avais acquis la certitude qu'une fois les dépenses et les pourcentages versés à mes agents, tout déduit du montant total perçu par Cogian, les avances hebdomadaires que je percevais ne représentaient pas la juste part qui devait m'être versée.

J'avoue avoir mis beaucoup de temps à réagir. Mais comme je m'y perdais rapidement dans toute cette paperasse, je ne posais pas trop de questions à ce propos. De plus, lorsqu'il me remettait mes avances, Tony me disait qu'il payait les impôts aux gouvernements. Il était donc clair pour moi que je ne devais pas m'en occuper. Et puis, il faut dire que je ne me plaignais pas de pouvoir laisser tous ces tracas administratifs entre les mains de mes agents. Pendant ce temps, bien naïvement, j'ai cru que cette somme d'argent allait m'être remise un jour ou l'autre et que, d'ici là, c'était de l'argent en banque. De l'argent qui me permettrait dans un proche avenir de déposer un intéressant montant initial sur l'achat d'une maison.

Devant mes propos, Guy n'a pas tardé à réaliser l'ampleur du désastre. Il m'a, bien sûr, laissé entendre que j'avais attendu bien trop longtemps avant de seulement envisager une action concrète pour prendre la situation en main. Il m'a incité à réfléchir sérieusement à l'action que je désirais prendre. Je ne réalisais que trop que nous avions maintenant atteint un point de non-retour. Je m'en mordais d'ailleurs les doigts, mais que pouvais-je y faire? On ne revient pas en arrière, alors j'ai vite fait d'essayer d'imaginer une solution équitable. Il était trop tard pour m'attarder sur ma négligence et sur mon manque d'expérience.

Cette réflexion, je me la suis imposée dès les premiers jours de repos dont j'ai pu jouir à mon retour à Montréal après l'enregistrement de la dernière de *Attention, c'est show*. En fait, mon agenda de tout le mois de mai, de même que pour l'été, s'annonçait comme de grandes vacances, il n'y avait pas beaucoup de spectacles. Pour la première fois depuis plusieurs années, j'envisageais une longue période de repos.

J'ai mis peu de temps à réaliser que, depuis le lancement de mon premier album sous la gouverne de Pierre et Tony, le travail avait occupé toute ma vie. Jamais auparavant mon horaire ne n'avait permis plus d'une semaine de détente. Je n'avais presque pas d'amis et peu de loisirs. D'ailleurs, il était temps que cela change puisque, quelques mois plus tôt, j'étais tombé malade.

Devenu faible et pâle, je n'avais plus la même énergie. J'ai traîné un bon moment ainsi avant de me remettre véritablement sur pied. Ce repos était donc nécessaire. Ainsi, après quelques jours de réflexion et de repos, j'ai rappelé Guy pour lui dire que j'entendais intenter une poursuite en justice contre mes imprésarios. Il m'a recommandé un avocat.

Dès notre première rencontre, j'ai donné mandat à celui-ci de sommer Pierre Gibeault et Antony Ng de me rendre compte des montants d'argent qui m'étaient dus. Je n'étais pas un habitué de ce genre de démarches et, à chaque pas, à chaque coup de téléphone, je me sentais très peu sûr de moi.

Entre-temps, le 15 du mois est arrivé. J'ai appelé Tony pour lui demander mon avance habituelle. Je m'attendais encore à de nouveaux pourparlers pour toucher cette somme. Mais Tony a eu pour seule réponse: «Appelle ton avocat!» Et il a raccroché l'appareil.

Mon avocat avait déjà fait parvenir une mise en demeure à Pierre et à Tony. À nouveau, j'ai éprouvé une certaine crainte ne sachant pas dans quoi je m'embarquais. J'avais maintenant la certitude de ne plus recevoir d'argent à partir de ce moment-là.

L'angoisse n'était plus celle provoquée par la querelle et les conflits qui caractérisaient nos relations, désormais, c'était celle de l'inconnu.

Dès lors, j'ai rencontré l'avocat régulièrement, mais c'était toujours le même scénario. Il m'encourageait à me mettre au travail pour préparer un nouveau disque. «Je m'occupe du reste...», disait-il.

J'avais trop souvent — et beaucoup trop longtemps — pris cette phrase au pied de la lettre. Cette fois, dans la bouche de mon avocat, elle ne me rassurait pas du tout. Reprendre le travail sur un nouvel album avec une nouvelle équipe n'avait aucun sens à mes yeux. J'entrevoyais déjà les demandes d'injonction de mes gérants si j'agissais ainsi. D'ailleurs, avant que je ne fasse un seul geste, les menaces n'ont pas tardé à venir. Pierre et Tony m'ont fait savoir qu'ils n'entendaient nullement me libérer de mon contrat.

Je désirais mettre de l'ordre dans ma comptabilité afin de connaître le montant exact de la somme dont je me savais lésé. Puisqu'il était désormais illogique de faire appel au comptable de mes agents, Suzanne m'a suggéré de rencontrer le sien, Jacques Desjardins.

L'attitude de cet homme m'a rassuré. J'ai tout de suite accepté de lui confier mon dossier. Afin d'y voir clair, il ne tarda pas à demander au comptable de Tony, mon ex-comptable donc, un compte rendu des états financiers. Ce fut très long avant qu'il l'obtienne. Finalement, Jacques Desjardins en a obtenu copie. Mon avocat et lui se sont rencontrés et ils ont tenté de démêler le dossier. Mais ils n'y sont pas parvenus. C'était tellement brouillé que Jacques, un comptable des plus compétents, n'a jamais rien compris à ce rapport. Il était clair que cet état de compte était falsifié, que les montants inscrits étaient faux. Nous nous sommes tous demandé comment un comptable qualifié avait pu consentir à mettre sa griffe sur un document semblable.

À première vue, la présentation était très bien, rien de cohérent n'apparaissait. Les démarches judiciaires s'avéreraient donc beaucoup plus importantes que ce que j'avais pu envisager. J'avais été un peu naïf, encore une fois, de croire qu'une mise en demeure suffisait pour me permettre de toucher l'argent qui m'était dû.

Le mois de mai fut très difficile financièrement. Heureusement, j'avais écrit des chansons sur le dernier disque. J'ai donc reçu un chèque intéressant en droits d'auteur, ce qui m'a permis de vivre quelques mois.

Au cours de cet été-là, j'ai également retissé des liens plus serrés avec ma famille, que j'avais quelque peu négligée aux cours des années précédentes. Lors de mes séjours au Lac-Saint-Jean, je me suis aperçu que j'étais beaucoup plus disponible et j'ai ressenti un grand bonheur à partager. Particulièrement avec mes frères et ma sœur.

Éric et moi, nous nous sommes rappelé une certaine soirée dans un bar de Dolbeau. Un client et lui s'étaient lancés durant des heures des questions pièges sur le hockey, sans que mon frère ne flanche. Depuis sa tendre enfance, Éric a toujours excellé dans le domaine sportif, et papa n'en était pas peu fier. On peut questionner Éric sur n'importe quelle statistique de hockey et de baseball, et il saura toujours la réponse. Mon frère Éric est plus qu'un passionné, il a déjà fait l'école des Nordiques de Québec et, ces dernières années, il a été entraîneur de hockey dans son patelin. Il aurait certainement pu évoluer dans la Ligue nationale, mais son chemin l'a conduit ailleurs.

Éric et moi avons aussi parlé de tout ça et si, à une époque, nous n'étions pas toujours sur la même longueur d'onde, aujourd'hui nous avons beaucoup d'admiration l'un pour l'autre. Maintenant, il est un grand jeune homme de plus de 2 mètres (6,5 pieds) et costaud en plus. Éric a une aussi grande soif d'apprendre; il s'intéresse à tout et il connaît tout de l'actualité. Il est aussi mélomane. Nous nous parlons régulièrement au téléphone. Parce qu'il veut partager avec moi les coûts de l'interurbain lorsque nous discutons durant des heures, nous avons mis au point une tactique. À mi-temps de notre conversation, nous raccrochons. Celui qui a fait l'appel le premier attend le coup de téléphone de l'autre, qui rappelle aussitôt. Ça nous amuse!

Quant à Steve, il me ressemble beaucoup: il est hypersensible comme moi. C'est aussi un artiste. Le dessin, la chanson et les arts en général l'intéressent beaucoup. Il est très habile de ses mains. Un jour, il n'aimait pas vraiment les petites cabanes placées sous l'arbre de Noël de maman, il en a fabriqué d'autres avec de la pâte de sel. Chaque année désormais, ces magnifiques maisons réapparaissent sous l'arbre. Elles sont plus belles les unes que les autres. Et que dire de l'église qu'elles entourent; c'est un petit chef-d'œuvre.

Durant toute notre adolescence, Steve et moi avons toujours été très près l'un de l'autre. Nous sortions très souvent ensemble. Chaque fois que nous nous sommes retrouvés, durant cet été 1991, ce fut comme si nous nous étions vus la veille. Steve avait mis de côté la mésaventure vécue lorsqu'il m'avait accompagné en tournée. Aujourd'hui, nous aimons prendre une bière ensemble et échanger. Steve joue du piano et il chante aussi. J'aime beaucoup sa voix; il a la voix de Sardou. Il nous arrive encore de faire de la musique ensemble et, chaque fois, c'est un grand bonheur partagé. Nous aimons aussi rendre visite à la famille. Nous nous sommes permis ce genre d'activités plus d'une fois au cours de cet été, où je me suis senti libre, bien que j'eus une cause pendante en cour.

J'ai aussi retrouvé Karine. Quel cadeau que cette belle enfant! Je dis cela parce que lorsqu'elle est venue au monde, maman avait 36 ans et se considérait un peu trop âgée pour élever un nouvel enfant. Elle se questionnait beaucoup face à cette grossesse surprise, mais pas une fois elle n'envisagea de ne pas voir naître cet enfant.

À la suite du décès de Johanne, maman et papa n'ont pas cessé de remercier le ciel de leur avoir donné cette enfant. Je crois en Dieu, et c'est comme si cette naissance était une offrande du ciel. J'ai quitté la maison alors que Karine n'avait que trois ans, nous n'avons pas véritablement grandi ensemble mais nous sommes très près l'un de l'autre.

Durant cet été, elle m'a parlé de ses rêves d'adolescente. Karine, c'est notre rayon de soleil. Nous en sommes tous très fiers. Elle est l'amour de papa et l'amie de maman. En vieillissant, Karine ressemble à s'y méprendre à Johanne, en tout point. Sage, dynamique et déterminée, elle a cependant sa personnalité bien à elle. C'est une fille intelligente, qui envisage de devenir biologiste, bien que son choix de carrière ne soit pas définitif. Enfin, elle partage également avec nous tous notre amour de la chanson.

J'ai raconté les circonstances entourant la mort de mon grand-père Gagnon, un homme de cœur que j'ai toujours admiré et honoré. Quant à ma grand-mère Pelchat, elle est décédée, au cours de l'année 1992, le 19 avril. Native du Massachusetts, aux États-Unis, grand-maman Pelchat avait quitté ce pays au début du siècle avec ses parents pour venir s'établir d'abord en Mauricie et plus tard au Lac-Saint-Jean. Se disant pas vraiment faite pour vivre à la campagne, elle déménagea seule à Montréal vers l'âge de 20 ans, où elle a travaillé quelques années au service d'une riche famille de Westmount. Puis, lors d'une visite au Lac, elle a fait la rencontre de grand-papa Pelchat. Les fréquentations ne se sont pas éternisées et leur mariage a donné la vie à douze enfants. J'ai été très près de grand-maman Pelchat, et son départ a laissé un grand vide dans la famille. Elle était comme la plupart des femmes de son temps, d'une générosité et d'un amour inconditionnels.

Depuis, la mort a également fauché Albert, un des frères de papa. Il était d'ailleurs le sosie de papa et sa maladie m'a grandement affecté. Je l'aimais beaucoup comme tout le reste du clan. En repensant à mon oncle Albert, à grand-maman Pelchat, à grand-papa Gagnon, à Johanne, à ma cousine Isabelle, force est d'admettre que nous sommes plusieurs fois au cours de notre vie appelés à vivre un deuil où, à chaque reprise, la cicatrice est difficile à guérir.

Aujourd'hui, j'ai encore ma grand-mère Gagnon et mon grand-père Pelchat auprès de moi, et c'est un grand privilège que d'avoir toujours ses grands-parents à l'âge de 30 ans. En fait, je prends aujourd'hui un plaisir intense à apprécier chacun des moments où il m'est permis de me retrouver auprès des miens. Je m'informe de tous: oncles, tantes, cousins, cousines, etc... car l'avenir et les aléas de chacun m'intéressent. Grand-maman Gagnon et grand-papa Pelchat sont pour moi des bénédictions, et leur exemple, leur sagesse et leur amour m'inspirent énormément.

Pour en revenir à mes difficultés personnelles, malgré les procédures entamées, j'étais toujours sous contrat avec Pierre et Tony. Un certain jour d'été, j'ai reçu chez moi une lettre de la maison de production S.D.A. J'étais officiellement convoqué à une audition, le lundi suivant, pour une émission qui allait s'intituler *Robin et Stella*, une émission pour enfants. En résumé, c'était rédigé ainsi: «Vous devez passer une audition pour le rôle de Robin. Vos gérants nous ont assurés de votre concours à notre nouvelle série. Les enregistrements doivent débuter bientôt.» Un autre paragraphe stipulait que je devais participer à *Ad Lib* et aux *Démons du midi* pour promouvoir la série. Toutes ces apparitions avaient été confirmées par Pierre Gibeault.

Je ne comprenais pas comment mes agents pouvaient croire que je travaillerais pour eux tout en sachant que je ne verrais jamais la couleur de mes cachets, qui seraient tous versés au nom de leur compagnie Cogian. J'ai su que Tony fut injurié d'apprendre que je ne voulais pas jouer dans une série pour enfants. Comment croire que j'allais accepter? Ma participation à ce genre de série était ridicule. Leur intention de me faire tout perdre était claire. Ma crédibilité en prenait déjà tout un coup avec cette saga judiciaire. Jusqu'où irions-nous dans cette affaire?

La voiture que je possédais à ce moment-là, une Honda, était au nom de Cogian et Mario Pelchat. Comme je ne voulais plus en aucune façon être associé à Cogian, j'ai cessé d'en effectuer les paiements. Il a fallu peu de temps, pour qu'un huissier passe saisir la voiture, qui était dans le stationnement intérieur de mon immeuble. Évidemment, il y a eu des poursuites judiciaires de la part de la maison de financement; j'ai renvoyé celle-ci vers Cogian.

J'avoue que je n'aurais pas dû agir ainsi. La poursuite m'impliquait également, puisque nos deux noms figuraient sur les enregistrements du véhicule. J'étais aussi responsable que Pierre et Tony en n'effectuant pas les paiements. Mais je tenais à me montrer plus radical.

L'été 1991 fut particulièrement beau, ce qui me poussa à faire l'achat d'une Jeep. Quand Tony et Pierre m'ont vu partir de chez moi dans cette voiture, ils n'ont pu comprendre comment je pouvais me payer cela en ne recevant plus leur argent. J'en avais fait l'acquisition grâce à mes droits d'auteurs et à mes fonds de vacances gérés par l'Union des Artistes. De plus, cet achat était régi par un contrat de vente à tempérament, ce qui veut dire que, dans l'éventualité où je ne pouvais faire mes versements, la banque reprenait tout simplement le véhicule.

Mais Pierre et Tony avaient la certitude que je ne pourrais pas me débrouiller sans eux et que je m'écroulerais à la première occasion. Ils avaient toujours soutenu que «je vendrais des roses ou irais mendier au Faubourg Sainte-Catherine s'ils me lâchaient». Ces propos n'ont fait que m'inciter à me battre pour bien vivre durant cette période difficile. Toutefois, demeurer dans le même édifice que mes agents était devenu invivable. Chaque fois que j'empruntais un ascenseur ou que j'entrais dans le garage intérieur, je m'assurais qu'ils ne s'y trouvaient pas. Nous nous étions croisés à quelques reprises sans nous adresser un regard ou une parole. Au mois de juillet, j'ai déniché un appartement qui me plaisait à l'Île des Sœurs. Je jouissais d'une belle vue et, chose intéressante, mon mobilier y cadrait très bien. J'ai rapidement apprécié la qualité de vie à l'Île des Sœurs.

Avec deux poursuites intentées, la première pour récupérer une partie de mes cachets et la seconde pour être libéré de mon contrat avec Cogian, je me suis présenté au palais de justice durant l'été pour interrogatoire. Cette première étape en justice me rendit très nerveux. Tout ce que je souhaitais, c'était que ni Pierre ni Tony n'assistent à la séance. Tony n'y était pas. Mais j'ai vite eu fait d'apercevoir Pierre. Après une déclaration solennelle, une déclaration aussi valable et légale que lorsqu'on jure sur la Bible, j'ai répondu aux questions des magistrats.

Quand nous avons fait une demande pour une date de comparution, les premiers délais annoncés par la cour m'ont paru très longs. On parlait d'une attente de près d'un an avant que notre cause ne soit entendue. Je n'en revenais pas. Je voulais sortir un nouveau disque, avec une nouvelle équipe, bien avant cela.

Au moment de cette comparution, je portais la barbe. J'étais en congé et je m'étais laissé aller à cette détente que je ne pouvais me permettre auparavant en raison de ma vie publique intense.

Je suis comme ça. Lorsque je bénéficie d'un moment de répit professionnel, j'aime transformer mon apparence afin de me sortir de la routine du métier — que j'accepte volontiers —, qui nous emprisonne souvent dans une certaine image que nous nous devons de respecter. J'ai assez d'humilité pour changer ainsi radicalement mon apparence, car je suis de ceux qui pensent et croient que, si le public t'aime vraiment, il te sera fidèle avec ou sans cheveux, malade ou en bonne santé, en jeans ou en tenue de soirée. À mon avis, ce que l'on a à l'intérieur est ce qui compte le plus.

Mais à ce moment-là, pour Pierre qui constatait que je portais une barbe, son opinion était faite. Il n'en fallut pas plus pour qu'il raconte dans les journaux que j'avais l'air d'avoir subi un lavage de cerveau par une forme de religion quelconque, que je faisais pitié à voir.

Malheureusement, ce genre de situation s'est reproduit à plusieurs reprises au cours de l'année. Je ne sais trop pourquoi, Pierre collaborait à certaines publications dans le but évident de ternir mon image. Habituellement, ces articles me présentaient comme le méchant garçon, alors qu'ils dressaient mes gérants en victimes de mes agissements abusifs. Les grands titres faisaient état de mes croyances religieuses et me décrivaient comme un illuminé, un fanatique et même comme une personne ayant des problèmes sexuels ou de comportement.

Je ne me suis jamais senti dans l'obligation de répondre à ces propos mensongers. Certains journalistes, recevant ces confidences de mes agents, m'ont souvent appelé pour connaître ma version des faits mais je ne me suis jamais laissé entraîné dans ce jeu.

En une seule occasion, au cours de l'été, j'ai accepté de donner l'heure juste à l'occasion d'une entrevue accordée au magazine 7 JOURS. La réputation de 7 JOURS est solide. Je savais qu'en me confiant à eux, mes propos seraient rapportés fidèlement. Les explications que j'ai livrées dans cette entrevue, concernant entre autres mon engagement religieux, qui avait été galvaudé de toutes les façons dans les journaux à sensation, m'ont libéré d'un certain poids. Mais, paradoxalement, cette première ouverture de ma part à ce propos a fait naître en moi une nouvelle inquiétude: «Comment le grand public allait-il réagir?» En d'autres moments, je n'ai jamais craint d'assumer totalement les choix de ma vie, mais je crois que, ma confiance avait été trop souvent ébranlée.

La fin de semaine où le magazine 7 JOURS, et mes confidences s'étalant en première page, est arrivé en kiosque, j'ouvrais le *Téléthon Opération Enfant Soleil* aux Galeries de la Capitale, à Québec. J'ai chanté un pot-pourri de chansons parlant des enfants. Durant l'interprétation, en voyant les caméras de télévision et les centaines de visages devant moi, j'ai eu un trou de mémoire. Heureusement, je me suis vite ressaisi. Le lendemain, j'avais également l'honneur d'interpréter la dernière chanson du téléthon et, cette fois, je me suis présenté sur scène dans un autre état d'âme. J'ai pu aussitôt ressentir l'appui des gens.

Trois semaines plus tard, je me suis produit à Trois-Rivières. Suzanne et Rocky m'ont accompagné. Tout le long du trajet, je me suis à nouveau montré très anxieux. Ce n'était pas la première fois que je remontais sur scène pour offrir un spectacle complet depuis que le conflit avait éclaté au grand jour; pourtant, cette fois-là je craignais que les gens ne soient pas au rendez-vous en raison de tout ce qu'on avait raconté depuis.

Le spectacle était en plein air. Lorsque nous sommes arrivés à proximité du parc situé en plein centre-ville, j'ai eu peine à croire ce que j'ai vu. Plus nous approchions du site, plus les gens s'entassaient, et la voiture pouvait à peine se frayer un chemin dans la foule. Plus de 25 000 personnes se sont présentées au spectacle. Quand je suis monté sur la scène, la foule scandait en chœur: «Mario, Mario.» Je n'en revenais pas.

Décontenancé, je n'ai pu retenir les larmes qui montaient. Deux semaines plus tard, le 18 juillet, j'ai offert le dernier spectacle de ma tournée avant de me retirer complètement. Je chantais cette fois à Dolbeau. Comme j'étais dans ma ville natale, je craignais que les gens me jugent plus sévèrement, mais il n'en fut rien: mes craintes se sont vite envolées là aussi. L'accueil qu'on m'a réservé m'a, une fois de plus, permis de croire que j'avais l'appui du public. Ce qui fut très réconfortant et m'a procuré aussi une énergie additionnelle pour mener ce combat que j'avais entamé.

Je savais que mes cachets ne me seraient pas rendus de sitôt en raison des poursuites judiciaires, mais j'ai donné ces derniers spectacles inscrits à mon horaire depuis longtemps, tant par respect pour le public que pour Jean-Claude L'Espérance, le producteur.

Heureusement, à travers ces démêlés j'ai eu le bonheur de rencontrer Nathalie. Native du Lac-Saint-Jean, Nathalie n'était pas une étrangère pour moi. Elle était déjà sortie avec un de mes copains. Depuis qu'ils s'étaient quittés, elle habitait Montréal. Nous nous sommes revus pour la première fois, le jour où j'ai acheté ma Jeep. Je suis aussitôt tombé amoureux d'elle. Je crois sincèrement que le fait d'avoir maintenant un emploi du temps beaucoup moins chargé m'a permis de m'ouvrir à l'amour, de voir cette fille avec un regard nouveau. D'ailleurs, une présence féminine manquait beaucoup à ma vie. La relation que j'ai vécue avec Nathalie m'a permis d'oublier momentanément ce que je vivais sur d'autres plans.

Tout l'été, je fus très occupé à la courtiser et, chaque fois que je pensais à elle, j'étais très heureux. J'étais bien avec Nathalie: j'allais chez elle, elle venait chez moi. Elle possédait un humour hors du commun. Je garde d'excellents souvenirs de l'année que nous avons traversée ensemble. Toute sa famille a aussi été importante pour moi. J'ai vécu de grands moments de plaisir auprès d'eux. On jouait à différents jeux de société et, à chaque occasion, on se payait des fous rires incroyables.

Le milieu artistique m'avait fait vieillir un peu prématurément. La présence de cette belle famille dans mon entourage m'a permis de me rappeler l'époque où j'étais un peu plus insouciant. Puis, dans les moments les plus difficiles, j'ai toujours pu compter sur le sens de l'analyse et le discernement de Nathalie. Elle a souvent su m'éclairer.

Au cours de cet été, j'ai pu me débrouiller avec le peu d'argent dont je disposais, car je ne travaillais pas beaucoup. L'automne fut un mélange de sentiments amoureux partagés avec Nathalie et d'angoisse face à la lenteur des procédures. Je ressentais une grande frustration. Mon avocat ne parvenait pas à activer les choses. Nous étions toujours dans l'attente d'une date pour le procès.

Au début de décembre, une nouvelle brique m'est tombée sur la tête. Je me suis présenté au guichet automatique d'une banque pour y effectuer un retrait. Surprise, plus rien dans mon compte d'épargne. Je n'en revenais pas. Je me suis renseigné auprès de ma succursale bancaire, et on m'a annoncé qu'il ne me restait rien. Tout était gelé, saisi par les gouvernements.

Quelques jours plus tard, j'ai reçu une lettre du gouvernement me disant que je devais 48 000 $ d'impôts impayés. Tony m'avait affirmé que tout était payé, je l'avais cru, et voilà que ça n'avait pas été le cas. Depuis 1986, aucun versement n'avait été fait en mon nom au gouvernement. Non seulement je ne pouvais pas faire de disque, mais je n'avais plus un sou.

Lara Fabian et son compagnon Rick Allisson, de bons amis, nous avaient invités, Nathalie et moi, à la première de Lara au Bijou. Durant la soirée, Rick me parla de François Décarie, un agent négociateur qui pourrait m'être d'un grand secours. J'ai sollicité une rencontre avec ce M. Décarie afin de savoir s'il pouvait m'aider. Comme de fait, François me parla d'un avocat nommé Cookie Lazarus, qui s'occupe des affaires d'une foule de gens connus.

Mon insatisfaction face à mon propre avocat m'incita grandement à rencontrer Me Lazarus. D'ailleurs, les honoraires de cet avocat, à qui j'ai fait part plus d'une fois de mon impatience, s'accumulaient; ils se chiffraient maintenant à environ 10 000 $ et pourtant le dossier stagnait.

J'ai rencontré l'avocat Lazarus en compagnie de Rocky Colello. J'espérais pouvoir transférer mon dossier et éventuellement fixer une date pour le procès avec cette nouvelle équipe. Sans trop de complications, mon dossier changea finalement de main. Me René R. Gauthier, qui travaille pour la firme Lazarus-Charbonneau, devint mon nouvel avocat.

En premier lieu, j'avançais, bien malgré moi, l'hypothèse d'une faillite puisque le gouvernement me réclamait près de 50 000 $ et que je ne les avais pas. Me Gauthier envisagea également cette éventualité tout en me disant très clairement que cette faillite ne me libérerait nullement de mon contrat avec mes agents Tony et Pierre.

Faire faillite, voilà la dernière chose à laquelle j'aurais cru devoir faire face... Quand on m'informa des démarches à suivre dans un tel cas, je ne peux pas décrire ici à quel point je me suis senti humilié.

Le 18 décembre 1991, jour du douzième anniversaire de la mort de ma sœur Johanne, je déclarais faillite personnelle.

Lorsque je me suis présenté chez les syndics, si je l'avais pu, je me serais pris la tête entre les deux jambes. Un an auparavant, tout allait bien: les deux albums, le Félix, les spectacles, la télévision et voilà maintenant que j'étais pris à fournir mes états financiers parce que j'étais acculé à la faillite.

De plus, mon dossier en cour se faisait plus volumineux que jamais. Les poursuites s'étaient accumulées. Pierre Gibeault me réclamait maintenant, par sommation, la somme que je lui avais moi-même réclamée. C'était insensé! De plus, Pierre n'avait pas manqué de faire part à un journaliste de cette poursuite qu'il intentait. J'ai donc dû faire une déclaration à mon tour dans les journaux; il était allé trop loin. Malgré tout, je demeurais fidèle à ma philosophie. Ces problèmes d'ordre personnel avaient peu d'intérêt à se retrouver sur la place publique. Cela se jouait dans nos vies privées et devait y rester.

Comme plusieurs autres — les représentants des deux niveaux de gouvernements, les comptables, les deux avocats représentant la première firme que j'avais engagée —, Pierre Gibeault a été convoqué à l'assemblée des créanciers à la suite de ma déclaration de faillite.

Dès la première réunion, il a tenté de se faire nommer inspecteur, c'est-à-dire à être la personne mandatée pour gérer les sommes d'argent versées aux syndics. Heureusement, sa demande fut rejetée, car il était en conflit d'intérêt. Après tout, j'avais deux actions en justice prises contre lui.

Mon premier avocat, qui était au nombre des créanciers, fut finalement nommé. Ces réunions se sont multipliées au cours des mois suivants et jamais Tony ne s'y est présenté. Pierre ne me parlait pas de lui. Il ne me parlait pas, point à la ligne. Je pensais Tony malade, mais, n'ayant aucun contact avec son entourage non plus, je ne pouvais en avoir la certitude.

Quand Pierre a appris que je déclarais faillite personnelle, il a récidivé avec les journaux, histoire sans doute de se valoriser. Même les montants étaient déclarés. On parlait d'une faillite d'environ 120 000 $. Bien entendu, ces articles étaient tous accompagnés de photos — les moins bonnes en archives, bien sûr — celles où je paraissais le plus mal, afin de mettre l'accent sur toutes ces médisances. Ces articles laissaient croire que j'avais mené une vie bien au-dessus de mes moyens, alors que la vérité était tout autre. C'est plutôt la confiance naïve en mes agents qui m'avait conduit dans cette impasse. Je fus plus d'une fois découragé à la vue de ces articles de même que des clichés qui les accompagnaient.

Heureusement, l'avocat qui me représentait, Me René R. Gauthier m'inspirait confiance. Nos entretiens me rassuraient, et il m'exposait clairement toutes les démarches entreprises en mon nom. De plus, il me laissait entendre que je pourrais retravailler bientôt et, si je me produisais quelque part, — parce que j'ai accepté durant cette période quelques rares contrats afin de m'assurer un revenu — toutes les sommes devaient être versées à mes agents en vertu du contrat qui nous liait toujours. Ces sommes étaient donc comptabilisées et déposées dans un compte spécial. Ce qui fut ultérieurement produit à la cour. Par exemple, lorsqu'on me proposa deux spectacles en échange d'un cachet de 10 000 $ malgré l'imbroglio, 50 % du cachet fut versé à

Cogian. Je ne peux toutefois cacher que ce n'est pas sans amertume que ce geste fut consenti. Surtout qu'une partie de ces rares cachets était également retenue par le syndic.

Comme je l'avais pressenti, Me René R. Gauthier a pris peu de temps avant de contacter le juge en chef et de prendre rendez-vous. Lors d'une rencontre à laquelle Pierre et son avocat ont aussi assisté, la date du procès fut fixée à six semaines, ce qui était maintenant considéré comme un très bon délai. Nous allions passer devant le juge en mars. Enfin, il m'était possible d'entrevoir la fin de ce cauchemar.

J'étais souvent frappé par un vent de découragement mais, en même temps, je cherchais à déterminer le positif dans tout ce négatif, et je m'y accrochais. Durant cette sombre période, j'ai pensé à certains autres artistes ayant eux aussi connu des moments plus sombres et qui étaient sortis grandis de ces épreuves. Je m'accrochais à ces pensées. Je savais que la lumière resurgirait, et mon courrier m'aidait à garder espoir. Le public sympathisait à mes déboires. À chacune de mes sorties en public, on m'approchait souvent d'une façon discrète ou détournée pour m'encourager. Je ne manquais pas de soutien auprès du public ni auprès des miens. Mes parents étaient là.

Mes réflexions personnelles ont aussi été très bénéfiques. J'ai beaucoup réfléchi à l'ambition, à la maladie qui peut survenir et aussi à l'humiliation. L'humiliation amène à prendre conscience de la relativité des choses. Cette relativité est très importante à mes yeux. Lorsque tu pratiques un métier qui te met souvent sur un piédestal, la vie te ramène fatalement à la réalité d'une façon plus ou moins radicale. C'est heureux qu'il en soit ainsi pour notre évolution. Lorsqu'on repense à ces moments, plus tard, on peut mieux apprécier ce que l'on possède et surtout ce qui nous est donné. Il est très important de ne jamais oublier que, peu importe que l'on soit riche, pauvre, handicapé ou d'une autre origine, grand ou petit, maigre ou gras, nous sommes tous égaux.

Dans ces épreuves, j'ai appris à apprécier et à remercier encore davantage. Et j'ai longuement réfléchi aussi au métier de chanteur. Je me suis fait un devoir de ne jamais oublier que ce qui importe lorsqu'on est un artiste, ce n'est pas l'endroit où l'on vit, la voiture que l'on conduit ou encore ce que l'on fait de ses loisirs, mais d'abord et avant tout ce que l'on donne au public et ce que l'on ressent lorsque l'on donne un spectacle. Le travail professionnel qui prévaut sur le superficiel que l'on affiche. Faire la part des choses devient alors une des plus belles qualités qui soient.

Je peux aimer ce métier que j'exerce, et le fait de créer qui s'y rattache, mais je sais que c'est encore là quelque chose d'éphémère qui ne laisse que peu de souvenirs pour ceux qui viendront après nous. Salomon, l'homme le plus sage que la terre ait connu, disait expressément: «Tout va dans un même lieu, tout provient de la poussière et tout retourne à la poussière.»

Chapitre 13

LA RENAISSANCE

La date du procès fut fixée. À partir de ce moment, mes rencontres furent innombrables avec René R. Gauthier, tout comme les coups de téléphone. Les démarches s'avéraient difficiles. Les dossiers étaient retenus indûment par la partie adverse.

Lors de la comparution devant le juge en chef, le 6 mars, Claude Valade, qui avait aussi confié à un moment la gérance de sa carrière à Pierre et Tony, vint témoigner en ma faveur. Roger Sylvain témoigna également puisqu'il avait assisté aux tristes événements le printemps précédent à la salle J.-A. Thompson, à Trois-Rivières. Un représentant de l'Union des Artistes est venu parler des royautés des disques sous-payées selon les normes de l'UDA, et mon comptable, Jacques Desjardins, y était aussi. Parmi mes proches, il n'y avait que mes parents et un couple d'amis assis dans la salle d'audience. Une grande angoisse se lisait sur le visage de mes parents. Quant à moi, quoique nerveux, je restais confiant.

Le procès a commencé. Chacun s'est exprimé avec clarté et fermeté. Claude, le comptable, Roger Sylvain, etc. Enfin tous ont livré des renseignements précieux à la cour. Durant ces témoignages, Pierre Gibeault hochait constamment la tête de gauche à droite comme s'il niait tout ce qu'il entendait. À un certain moment d'ailleurs, le juge Lagacée lui a demandé de se faire plus discret.

L'avocat de Pierre et Tony a contre-interrogé les témoins. Il a beaucoup insisté sur le fait que je ne travaillais pas le vendredi soir. «Quels soirs sont les plus occupés?» a-t-il demandé plus d'une fois, en particulier au journaliste Roger Sylvain.

Toutefois, il ne fut jamais dit ou prouvé que le fait de ne pas œuvrer le vendredi nuisait à mon travail. Roger Sylvain évolue dans le journalisme artistique depuis bon nombre d'années; mon avocat lui a demandé en contre-partie de révéler le nom des artistes masculins les plus en demande dans le show-business québécois au cours des dernières années.

— Roch Voisine et Mario Pelchat, répondit-il.

— Lequel des deux a le plus travaillé selon vous? renchérit l'avocat.

— Mario Pelchat, ajouta Roger sans hésiter.

Les réponses données par Roger étaient véridiques puisque, comme je l'ai mentionné plus tôt, au cours des dernières années j'avais participé à près de deux cents émissions de télévision à titre d'animateur, à des dizaines et des dizaines d'autres à titre d'invité et j'avais offert près de 120 spectacles dans le cadre d'une grande tournée provinciale.

Roch Voisine avait aussi beaucoup travaillé, mais davantage à l'étranger qu'au Québec. Ainsi, en peu de temps, la preuve fut établie que de ne pas travailler les vendredis n'avait aucunement freiné ma carrière, ni privé mes agents de fonds. Qui plus est, selon la Charte canadienne des Droits et Libertés, je savais pertinemment que mes convictions religieuses ne pouvaient être mises en cause lorsqu'on parle de mon métier. J'avais d'ailleurs cette clause de la Charte sur moi, à titre de référence en cas de besoin.

Roger Sylvain fut aussi longuement questionné à propos de l'incident en coulisses à la salle J.-A. Thompson et il s'en est continuellement tenu aux faits. Plus tôt, à la demande de mon avocat, il avait fait part à la cour de ce que l'événement avait d'insensé et d'humiliant pour moi.

L'après-midi, ce fut mon tour de passer à la barre. Les premières questions de mon avocat concernèrent le fameux contrat qui me liait à mes gérants. Ce contrat était d'ailleurs au cœur du litige, car il n'était pas simple à annuler.

Le premier contrat, signé le 18 mars 1986, avait été modifié en 1988. Un montage très subtil fut monté en catastrophe pour me faire signer juste avant le premier album. À force de persuasion, j'avais fini par me soumettre à la demande de mes agents, mais je l'avais regretté immédiatement. Je me sentais arnaqué dans cette affaire. Voilà que j'en payais maintenant le prix.

J'ai expliqué à la cour mes hésitations à la signature de ce document. Il fallait comprendre que je vivais alors sous la menace de voir ma carrière se terminer, si je n'y consentais pas. Au lieu d'un contrat qui se serait terminé en 1989, je me suis retrouvé avec une union presque à vie avec Cogian. C'est d'ailleurs pourquoi cette libération fut difficile à réaliser.

Je me souviens d'avoir aussi mentionné à la cour que, lors des spectacles (pour Avanti ou encore Pierre), j'avais toujours payé son pourcentage.

— Même après le début du conflit et jusqu'à aujourd'hui, ai-je pris soin de mentionner.

J'ai également fait état de toute la publicité mensongère dont j'avais été victime dans les journaux et le tort causé à mes parents et à ma famille par ces publications, en fournissant lesdits articles. Puis, on m'a demandé de relater à mon tour les événements du 30 mai à la salle de spectacle de Trois-Rivières. Plongé dans ce récit, je me suis soudainement senti revivre toute cette horrible soirée et, emporté par mes sentiments, j'ai craqué. Je me suis mis à pleurer à chaudes larmes pendant que Pierre disait:

— Il ment. C'est faux.

Tout en relevant la tête, j'ai dit à Pierre en le regardant droit dans les yeux:

— Tu sais, Pierre, que je dis la vérité!

Le magistrat m'a accordé un léger répit pour que je me ressaisisse et j'ai poursuivi mon récit. Un peu plus tard, tandis que je parlais, la porte principale de la salle d'audience s'est ouverte. Comme pour ajouter à l'angoisse qui m'étreignait déjà, j'ai vu entrer Tony. J'ai été estomaqué de son apparence. Il avait de la difficulté à se déplacer et n'avait presque plus de cheveux. Il faisait pitié à voir... Il était si maigre et si pâle. Tony n'avait jamais été costaud, mais j'étais sûr qu'il ne pesait même plus 100 livres (45 kilogrammes), ou à peine. Il n'avait plus que la peau et les os. On a même dû l'asseoir sur un coussin pour ne pas qu'il se blesse sur les bancs de bois de la salle. C'était la première fois que je le voyais depuis le début des poursuites. J'ai éprouvé beaucoup de mal à poursuivre mon témoignage. Je fus hanté durant plusieurs jours par l'image de cet homme rongé par cette terrible maladie qu'est le sida.

Lors du contre-interrogatoire, l'avocat essaya de me faire avouer que j'étais connu grâce à Pierre et Tony. La première fois où l'avocat m'a demandé, tout bêtement:

— D'où venez-vous? je n'ai pas compris la pertinence ou même le sens qu'il voulait donner à sa question. J'ai répondu innocemment:

— Je viens du Lac-Saint-Jean.

L'avocat a semblé outré. Puis, il a poursuivi en me demandant:

— Alors, que faisiez-vous avant de rencontrer vos agents?

— Je chantais. J'avais déjà enregistré deux albums...

Même si j'ai toujours reconnu le travail de mes imprésarios, j'avais tout de même fait deux albums avant de les connaître. Je n'étais quand même pas un va-nu-pieds comme on semblait vouloir le laisser croire. Personne ne pouvait dire si, sans eux, j'aurais réussi, mais on ne pouvait affirmer le contraire non plus. Nous avons ensuite poursuivi en parlant des redevances sur les disques, de l'émission de télévision à Québec, etc. Puis, nous sommes entrés dans le vif du conflit. J'ai alors détaillé les montants d'argent que je tenais à récupérer de mes agents.

Plus tard, Pierre allégua qu'il me fournissait à la fin de chaque année fiscale un état de compte. Il tentait de signifier que je connaissais très bien l'état de mes finances et de la gestion de Cogian. Je recevais bel et bien une enveloppe de la part de Tony à la fin de chaque année fiscale dans laquelle il glissait un compte rendu. Celui-ci faisait état de tous les montants perçus par la compagnie durant l'année par rapport aux montants qui m'étaient versés. C'était, en somme, ce qui me servait de bilan annuel. Tel que le contrat le stipulait, mes agents avaient l'obligation de me remettre ce bilan. Toutefois, lorsque vint mon tour, j'ai expliqué que ces chiffres étaient jetés négligemment sur papier de sorte qu'il était impossible de s'y retrouver. Pierre s'éleva rigoureusement contre cette affirmation. Le combat s'annonçait long et ardu. Des heures se sont ainsi écoulées. Tout le monde semblait épuisé.

À un moment, le juge a demandé à parler aux deux avocats. Selon ce que mon avocat me révéla plus tard, le magistrat ne fut pas tendre à l'égard de Mᵉ Loulou, l'avocat de mes agents. Il lui a demandé de convaincre son client de lâcher prise et d'en venir à une entente équitable pour les deux parties. Il était évident pour monsieur le juge que les deux parties y perdaient déjà trop de plumes. Il souhaitait et envisageait donc un règlement à l'amiable. Enfin, le juge a averti de sa sévérité dans son jugement, si Pierre ne cédait pas. La première journée d'audience s'est conclue ainsi.

Le lendemain, le juge, les avocats, Pierre et moi, nous nous sommes rencontrés au bureau du juge pour faire le point sur les derniers développements. Dès nos premiers échanges, Pierre suggéra un arrangement plutôt incohérent qui nous permettrait de nous partager équitablement les recettes de mes prochains disques, tout ceci afin que nous soyons remboursés des pertes encourues chacun de notre côté. Injurié, parce qu'il prétendait toujours que je lui devais de l'argent, j'ai répondu:

— Tu n'auras pas 50 cents, pas 25 cents, pas 10 cents, pas 1 cent sur mes prochains disques! Tu as eu ce qui te revenait, ce que tu mérites et même beaucoup plus. Je ne veux rien savoir d'une telle entente!

C'était la première fois que nous nous adressions la parole directement depuis le début du procès. Le juge s'est retourné alors vers Pierre, en attente d'une réponse. Après un moment de réflexion, comme s'il venait de tenter un ultime effort et se retrouvait sans munition, il répondit sans préambule:

— Nous allons lâcher prise comme vous le suggérez, Votre Honneur.

Encore une fois, j'ai retenu mes émotions. Cette phrase fut un soulagement. Elle signifiait la fin d'un enfer. Pour ce faire toutefois, il fallait revenir dans la salle d'audience afin de rendre officiels les détails de l'entente que nous allions conclure.

Après quelques minutes de pourparlers, nous sommes revenus dans la salle. Tony était à nouveau présent. Mes parents, de même que des amis, m'y attendaient. Pierre vint à la barre et jura sur la Bible. Il fit part à la cour de son intention de renoncer à sa poursuite contre moi et du fait qu'il acceptait que mon contrat soit résilié.

Son avocat demanda à son tour que la seconde poursuite contre son client, soit celle concernant les états de compte devant être entendue à une date ultérieure, soit annulée en échange. Mon avocat acquiesça à la demande. Bien sûr, j'ai ainsi perdu plusieurs milliers de dollars, mais j'y gagnais aussi beaucoup en étant enfin libéré de mon entente avec Cogian.

Quand le juge leva la séance, je fus automatiquement libéré de la tutelle de Pierre et Tony. J'avais peine à y croire. Enfin, je pouvais respirer, faire ce que je voulais et entrevoir l'avenir avec espoir.

Plusieurs fois, au cours de cette aventure en justice, Pierre Gibeault a manifesté le désir de participer à l'émission d'affaires publiques *L'Heure juste*, animée par Jean-Luc Mongrain, sur le réseau TVA. Il a tenté de vendre aux recherchistes, et même à l'animateur, l'idée de faire une émission au cours de laquelle, avec des lettres écrites de ma main à l'appui, il prouverait que j'étais un peu troublé, que j'étais déchiré par la vie, que j'étais finalement un individu dépressif et tourmenté.

Ces lettres existaient. C'étaient des écrits que j'avais bel et bien fait parvenir à Pierre, en différentes occasions lorsque nos rapports étaient encore réguliers, mais des plus tendus. Comme je privilégie souvent l'écriture comme moyen d'expression, je couche souvent sur papier mes plus intimes pensées. Dans ces lettres, avec frustration souvent, je suppliais Pierre et Tony de m'entendre, de m'écouter afin que cet étau, qui se resserrait sur nous, cesse de nous presser au point de bientôt nous faire éclater. Je me sentais alors plus que jamais traité comme un va-nu-pieds, sans aucun respect. Je perdais à ce moment-là une partie de ma confiance et mes pensées ressemblaient à mes états d'âme, elles étaient tourmentées.

Pierre voulait exhiber ces lettres personnelles — hors contexte — à l'émission de Jean-Luc Mongrain. Les artisans de l'émission ont réalisé à quel point cet homme voulait me détruire et semblait de mauvaise foi. Ils se sont refusés à lui céder leur tribune. Ils sont même allés plus loin, une fois le litige réglé en cour; ils m'ont téléphoné pour me demander si je désirais faire cette émission et mettre les choses au point.

Après mûres réflexions, j'ai accepté en me disant que cela allait clore ce chapitre de ma vie. Au cours de l'enregistrement, Jean-Luc fut très respectueux dans ses questions concernant mon travail, mes relations avec Pierre et Tony de même que mes croyances religieuses. De mon côté, je n'ai fait qu'entrouvrir le livre de ma vie privée. Dès le lendemain, cela redevenait à nouveau mon jardin secret.

Au cours de cette année de tourmente, Suzanne et Rocky furent d'un soutien exceptionnel. Guy Cloutier fut, à nouveau, d'une très grande gentillesse à mon égard. Il m'invita à plusieurs reprises chez lui, où j'ai partagé de bons repas avec son épouse, Jojo, René Simard, Marie-Josée Taillefer et leurs enfants de même que les neuveux de Guy, Martin Cloutier et Jean Pilote.

Sous son toit, j'ai aussi fraternisé avec ses frères et sœurs, également natifs du Lac-Saint-Jean. Toutes ces personnes m'ont donné énormément sans attendre rien en retour. J'apprécie leur geste encore aujourd'hui.

Au cours de ces moments partagés avec Guy, on n'a pas vraiment parlé affaires. Quoique la possibilité que Guy devienne mon nouvel imprésario se soit ébruitée dans les journaux, elle ne fut jamais envisagée d'une façon sérieuse.

Au cours de l'année 1991, j'ai négocié avec différents producteurs. Après mon périple devant la justice, je devais me reconstituer une équipe solide. Parmi ceux-ci, il y eut Lise Richard, à l'emploi de Musicor, à l'époque. Lise avait beaucoup contribué au succès de mon dernier disque et elle désirait nous voir poursuivre cette fructueuse association. J'étudiais chacune de ces propositions avec Suzanne et Rocky, sans toutefois prendre de décision hâtive. De toute façon, avant de trouver un nouveau contrat de disques, il fallait me trouver une nouvelle équipe de direction.

Un soir, nous soupions avec Yves Asselin, ex-directeur des programmes de Pathonic, à l'époque où j'y animais *Attention, c'est show*. Il savait que nous cherchions un agent. Au cours de la soirée, il nous dit tout simplement:

— Pourquoi cherches-tu, Mario? Tes imprésarios ce sont Suzanne et Rocky!

D'une façon officieuse, Suzanne et Rocky agissaient de la sorte depuis un bon moment mais, aussi surprenant que cela puisse paraître, nous n'avions encore jamais envisagé cette possibilité de manière officielle. Il fallait qu'une tierce personne nous mette le nez sur cette évidence pour que, quelques jours plus tard, nous levions nos verres à cette nouvelle association. Depuis longtemps déjà, Suzanne et Rocky parlaient de moi comme s'il s'agissait de l'avenir de leur propre fils. Il existait entre nous une dynamique unique; cela ne faisait aucun doute. De plus, la force de négociation de Rocky ne soulevait aucune interrogation dans ma tête — Rocky est directeur des ventes d'une grande compagnie d'emballage depuis un bon nombre d'années — et l'expertise de Suzanne m'a toujours permis de cheminer avec discernement dans le milieu artistique.

J'avais, tout près de moi, ces personnes uniques en qui on peut avoir confiance, sans crainte ni réserve. Ce couple sensible et droit possède aussi une qualité que j'aime toujours retrouver chez les gens: une intelligence intuitive. J'aime les gens qui savent ressentir; les gens qui savent jauger les gens et les choses par un regard ou une façon d'être. Suzanne et Rocky Colello sont de cette race.

Malgré toute cette confiance enfin présente au sein de ma carrière, Suzanne et Rocky ont souvent eu a en mettre plus qu'il n'en faut afin de me convaincre lorsqu'ils me proposaient un engagement particulier, un nouveau défi ou un plan de carrière. C'est que j'étais toujours marqué par les années de discorde et d'acharnement psychologique vécues sous la direction de mes gérants précédents. Ainsi, même si j'avais la conviction profonde d'être maintenant entre bonnes mains, bien de fois Suzanne et Rocky ont dû m'interroger, en quête d'une explication pouvant traduire un regard qui habitait mes yeux ou une expression qui habitait mon visage devant leurs propos. Seul le temps a permis à ces sentiments à fleur de peau de culpabilité et de persécussion de lentement se loger dans un compartiment reculé de ma mémoire.

Parmi les maisons de disques avec lesquelles nous avions établi des contacts, il y avait Sony Musique. Suzanne avait tâté le terrain auprès de Vito Luprano, directeur artistique de l'entreprise. Mais à l'époque, sachant que mon contrat était toujours en vigueur avec Cogian, il avait préféré attendre avant d'entreprendre des démarches sérieuses. Lorsque nous avons frappé à nouveau à sa porte, en tant qu'agent libre, nous avons tout de suite ressenti un intérêt marqué. Nous n'allions pas négliger cette avenue.

En peu de temps, les négociations avec Sony allèrent bon train, me permettant ainsi de regarder l'avenir avec enthousiasme. Alors que l'avocat de Sony, Rick Camilleri (devenu depuis président de la division canadienne de la compagnie) est venu de Toronto pour finaliser le dossier avec Rocky et Suzanne, je suis allé voir les miens au Lac-Saint-Jean.

Le 6 mai 1992, une entente fut signée avec Sony Musique. Ce nouveau contrat avait tout pour me plaire et s'avérait un véritable baume sur les plaies laissées par mon association précédente. J'ai signé chez Sony une entente pour la production de sept albums. J'étais très fier. Cela voulait dire se retrouver dans la même boîte que Céline Dion et aussi Michael Jackson, Michael Bolton, Mariah Carey et d'autres grands noms de qualibre international.

D'ailleurs, les premières fois où j'ai traversé le hall d'entrée des magnifiques bureaux de la compagnie, je fus très impressionné par les photos géantes de toutes ces têtes d'affiche de la chanson. Je visais haut, mais le vent semblait tourner en ma faveur. De plus, je me sentais à la hauteur de mes aspirations.

Chez Sony, j'allais rapidement découvrir que la façon de penser et de faire est toujours orientée vers le bien de l'artiste. Il s'agit d'une multinationale où la philosophie de travail est formidable.

Les locaux de Toronto sont équipés d'un gymnase, et les employés bénéficient de deux périodes d'entraînement par jour. De plus, tout se fait à la compagnie même, duplication de disques, posters, pochettes... enfin, tout est là. Même si la machine est énorme, les relations interpersonnelles sont excellentes.

Rapidement, une première rencontre avec le directeur artistique, Vito Luprano, m'a permis de renouer avec l'univers de la chanson. Lorsque nous avons convenu de l'orientation à prendre, j'ai fait part à Vito de mon désir d'écrire. Il s'est montré quelque peu réticent au départ — il ne me connaissait pas bien —, mais il m'a accordé sa confiance. Nous avons convenu de travailler chacun de notre côté et de nous revoir quelques semaines plus tard.

Sous la supervision de Vito, j'ai poussé plus loin mon désir d'écrire. Au cours des mois qui ont suivi, les chansons *À juste raison*, *Champs de bataille* et *Rien changer* sont nées sous ma plume. J'avais aussi un texte écrit sur la musique de ce qui est devenu *Perdue l'envie d'aimer*. Ce texte, je l'avais écrit avec ma copine, Nathalie. Au cours de l'enregistrement, notre relation était chancelante.

On négociait sans cesse pour retrouver l'amour qui avait caractérisé les premiers mois de notre relation, mais on ne parvenait pas à trouver un terrain d'entente. Ce texte a été important pour moi, même

s'il n'a finalement pas été retenu pour l'album —
Perdu l'envie d'aimer est signé Eddy Marnay —
parce qu'il est le reflet de notre relation à ce
moment-là.

Nathalie avait retenu le titre *Quand un amour se
meurt*, alors que moi, j'avais opté pour *Jusqu'à
mourir pour toi.* Les paroles disaient:

Quand un amour se meurt
parce qu'une envie perdue
l'effleure de son ombre,
Quand un amour se meurt,
les souvenirs déchus se fanent ou
bien s'effondrent...

Avant de connaître Nathalie, j'avais toujours été
un peu trop exigeant en amour, ce qui m'avait fait
connaître plus d'une déception. J'étais exigeant,
égocentrique même. Puis, quand une fille me disait
«je t'aime», je n'y croyais pas. Je répondais toujours:
«Ben voyons donc, laisse-moi tranquille.» C'était
comme si je ne voulais pas me laisser aimer. Peut-
être parce que, au fond de moi, je savais que je
n'avais pas encore suivi le chemin d'un amour sain
et viable. L'attachement me faisait fuir.

Avec Nathalie, j'ai transcendé une partie de cette
crainte et j'ai lentement apprivoisé l'amour. Ce
cheminement s'est avéré déterminant dans la
poursuite de ma vie amoureuse, dans ma vie
d'homme, dans ma vie tout court.

Mais Nathalie ne devait pas être celle que
j'attendais. Il y avait quelque part ailleurs cette autre
femme qui était la seconde partie de moi, mon
chaînon manquant.

Côté chanson, ma carrière reprenait de plus belle.
Pour mon plus grand plaisir, la réalisation du nouvel
album fut confiée à Aldo Nova. Trois de mes
compositions furent retenues. Nous avions dû

écouter des dizaines de mélodies de compositeurs différents pour terminer la sélection.

Sur les conseils d'Aldo, j'ai appris les textes des chansons selon une nouvelle approche. J'ai étudié chaque texte, l'ai appris par cœur et ai pesé chaque mot pour mieux en comprendre le sens. Eddy Marnay a tenu à être présent en studio lorsque l'on enregistrait les chansons qu'il avait écrites pour moi. Ses conseils furent des plus appréciés.

Je dois toutefois avouer que, pour moi qui suis plutôt orgueilleux, j'ai trouvé toute cette expérience difficile au départ, mais combien enrichissante en cours de route. Lorsque les gens te disent régulièrement que tu possèdes une belle voix, il devient souvent trop facile de les croire et de s'asseoir sur ses lauriers.

L'équipe de Sony n'entendait pas miser sur ce seul plan. Elle désirait me donner tous les atouts pour me permettre de développer mon potentiel et d'atteindre de nouveaux sommets. Cela m'a permis de réaliser que la voix n'est pas seule responsable du succès, la façon d'interpréter est aussi capitale.

Durant cette période, ma faillite personnelle fut réglée. Quand mes affaires eurent repris la bonne voie, j'ai eu la chance de déménager dans une maison de banlieue. Cette maison, située à Terrebonne, appartenait à mon oncle. Comme à mon arrivée à Montréal, la première ville de banlieue que j'ai connue était Terrebonne — une partie de ma famille y vivait —, j'étais heureux d'y élire domicile. De plus, j'habitais près du Vieux-Terrebonne, le deuxième site historique en importance dans la province, après la Place Royale du Vieux-Québec, dont le cachet européen m'a toujours charmé.

Cette fois, j'ai choisi d'effectuer moi-même le déménagement avec mes amis: Rocky, Suzanne, leur fille, Karine, et son copain, Derek. Je fus installé dans ma nouvelle maison en une journée. Quand ils m'ont quitté, au milieu de la soirée, je me sentais bien, détendu. J'avais le sentiment profond d'inaugurer une nouvelle étape de ma vie d'homme. Par la fenêtre du salon, je distinguais l'école. Évadé dans mes pensées, je voyais mes enfants la fréquenter. Cette école me rappelait aussi la maison familiale à Dolbeau. Avec ce déménagement, je savais que je laissais derrière moi tous les déboires, les angoisses et les nuits blanches. Je repartais à zéro.

Le lendemain de cette journée fabuleuse, c'est avec stupéfaction et douleur que j'ai appris le décès de Tony. Il est mort le 3 juillet et, paradoxalement, je me sentais revivre... Après avoir appris la nouvelle, j'ai appelé Pierre. Il y avait plus de trois mois que je ne lui avais pas parlé. Dès que je lui eus dit:

— C'est Mario , Pierre...

Il m'a répondu:

— Tu es méchant, tu nous as traînés dans la boue.

Aussitôt, la conversation s'est engagée sur un chemin que je ne voulais pas prendre. Il a renchéri. Je lui ai alors signalé que ce n'était pas son visage qui paraissait dans les journaux lorsqu'il se confiait à un journaliste, mais bien le mien. Puis, je n'ai pas voulu m'engager plus longuement dans ce genre de débat. J'ai simplement ajouté:

— Nous avons eu un gros litige, c'est vrai, mais je ne peux effacer cinq ans de ma vie d'un seul trait. Nous avons aussi accompli de grandes choses. Je vous ai aimés, Tony et toi, et j'ai beaucoup appris avec vous deux. Tu sais, Pierre, j'ai aussi beaucoup respecté Tony...

Je lui ai rappelé que nous n'en serions jamais arrivés là si le dialogue avait existé au sein de notre équipe. C'était précisément pourquoi je discutais avec lui à ce moment même: pour faire une place, si minime soit-elle, au dialogue. Pierre a fini par me dire:

— Tu sais, Tony a été lucide jusqu'à la fin. Il ne voulait pas mourir. Il fut amer et agressif jusqu'au dernier moment. Il ne voulait pas quitter ce monde.

Touché par ces propos, j'ai dit à Pierre que j'avais beaucoup de compassion pour lui et que je partageais la douleur qu'il vivait. Il m'a remercié, et c'est ainsi que prirent fin mes rapports avec Pierre.

Sur le plan humain, je me devais de reparler à Pierre. Il n'est pas dans ma conception d'entretenir rancune et mauvaises vibrations. J'aurais aimé parler au moins une fois à Tony avant qu'il n'aille dans l'au-delà. Toutefois, le fait que Pierre me dise que Tony n'acceptait absolument pas la mort m'a aidé à comprendre un peu mieux les rapports qui avaient caractérisé notre relation au cours de la dernière année de mon contrat avec Cogian. Tous ces sentiments, je ne les ai pas partagés, mais je les ai vécus profondément.

L'enregistrement de mon nouvel album s'est fait dans le tout nouveau studio construit dans le sous-sol de la nouvelle résidence d'Aldo Nova. Cette étape de la production n'a débuté qu'en août, parce que la construction du studio a traîné en longueur. Ces délais me semblaient interminables. J'étais pressé, j'avais hâte d'entrer en studio, n'ayant pas produit d'album depuis trois ans.

Quand cela a demarré, ce nouvel album était devenu mon unique priorité. Sa conception m'a apporté une grande satisfaction. Et elle m'a permis de connaître aussi de grandes joies.

Une chanson nécessitait la participation d'une voix féminine. Pour ce faire, je n'envisageais personne d'autre que Céline Dion ou Ginette Reno. Ginette n'a pu nous confirmer sa participation et comme Céline travaillait énormément, il semblait difficile de concevoir qu'elle allait trouver un moment pour mettre sa voix sur cette mélodie. Et encore fallait-il qu'elle soit disponible pour que nous puissions l'interpréter ensemble aux émissions de promotion.

Vito Luprano devait malgré tout convaincre René et Céline. C'est dans l'avion qui l'a ramenée des États-Unis que Céline a appris le texte. Nous nous sommes donc retrouvés en studio et, après quelques prises de son, ce duo intitulé: *Plus haut que moi* était sur bande.

Céline est une grande professionnelle et elle s'est mise au travail très consciencieusement. Au départ, le rythme de cette pièce m'a surpris un peu, mais je l'ai apprécié rapidement. Tout comme j'appréciais au plus haut point le fait de travailler à nouveau avec Céline. Finalement, l'enregistrement de l'album s'est étendu sur trois mois. Période au cours de laquelle ma hâte de revoir les journalistes, de vivre à nouveau tout ce qui se rattache à un lancement et de chanter devant un public me faisait frémir.

On a organisé le lancement de l'album *Pelchat*, le jour de mes 29 ans, le 1er février 1993. À cette occasion, j'ai voulu être au mieux de ma forme pour effectuer un retour en force. Des mois plus tôt, j'avais commencé un entraînement physique sérieux. Je me rendais au gymnase jusqu'à quatre fois par semaine et, en peu de temps, mon régime de vie de même que mon corps s'étaient transformés. Quelques semaines avant le lancement, je me suis retrouvé au summum de ma forme. En me prenant ainsi en main, j'acquérais une plus grande estime de moi-même. Ce bien-être a rayonné largement sur tout mon entourage.

Ce jour du lancement en fut un dans tous les sens du terme. Après quelques mots de bienvenue, j'ai présenté aux centaines de personnes réunies dans le hall d'entrée de l'édifice de Sony Musique des images de mon nouveau clip tourné en Irlande concernant la chanson *Pleurs dans la pluie.*

...Et si je pleure dans la pluie
Tu n'y verras que du feu
De l'eau qui tombe sans bruit
Que de la pluie dans mes yeux
Et si je pleure devant toi
Ce sera mon dernier cri
Mais tu ne l'entendras pas
Qui peut voir des pleurs dans la
pluie?

Le choix de tourner ce premier clip en Irlande m'avait fait un plaisir immense. J'ai découvert en Irlande un pays féerique. Il y a des moutons à la tonne, des maisons de pierres magnifiques et des panoramas à vous couper le souffle. Ce tournage fut une très belle expérience.

Lors du lancement, j'ai discuté en direct avec l'animatrice Sonia Benezra. Une équipe de tournage de son émission de télévision était présente au lancement. Je me réjouissais de pouvoir enfin parler au grand public de ce nouvel album. Ce soir-là, les paroles d'encouragement fusaient de toutes parts. Ma famille m'a grandement manifesté son soutien.

Dans une carte d'anniversaire où ils m'offraient leurs meilleurs vœux, maman avait écrit un texte qui m'est allé droit au cœur. La missive disait, bien humblement: «Avec beaucoup de fierté pour le talent dont tu as fait preuve et tout ce que tu as réussi jusqu'à maintenant. Avec une entière confiance en ces futurs succès que tu connaîtras, si tu continues toujours ainsi à progresser et à t'améliorer... Avec le ferme espoir que ce jour sera très agréable pour toi. Avec énormément d'amour pour ce fils formidable que tu es.»

Un être cher qui me transmet ses pensées par écrit, qui me donne un mot d'appréciation, je crois que c'est le plus beau cadeau que l'on puisse me faire. Penser que maman avait couché ses émotions sur papier pour moi demeure l'un de mes plus beaux souvenirs.

Avec la naissance de ce nouvel album, je sentais une nouvelle énergie naître en moi. Cette énergie était le renouvellement de cette confiance qui m'avait habité depuis mes premiers pas sur scène. Cette confiance, il nous faut à tout prix la faire vivre en nous, l'alimenter tout au long de notre vie, pour voir nos plus beaux rêves devenir réalité. Sur l'album *Pelchat*, Eddy Marnay m'a fait cadeau d'un magnifique texte, qui s'intitule: *Fais confiance*. Elle dit qu'avec la confiance dans ses bagages, on peut déplacer des montagnes.

C'est hier et c'est demain
Et c'est toi qui marches
En cherchant où est le bien
Où le ciel se cache

Si tu veux chasser la nuit
Cherche au fond de toi
Rien n'est plus fort que la vie
Tout dépend de toi

Fais confiance à l'amour
Fais confiance à ton cœur
Sois sans rougir ce que tu es
Donne tout comme on te l'a donné
Crois-moi, tu as gagné

Si tu fais confiance

Il faut lire entre les lignes
C'est écrit d'avance
Le destin te fait des signes
Va droit vers ta chance

Tu me trouveras toujours
Entre soleil et pluie
Et si l'on te joue des tours
Je serai là aussi

Fais confiance à l'amour
Fais confiance à ton cœur
Sois sans rougir ce que tu es
Donne tout comme on te l'a donné
Crois-moi, tu as gagné
Si tu fais confiance

Ouh, ouh, ouh...
Si tu fais confiance
Si le monde tombe sur toi comme
un monstre qui te dévore
Alors, fais confiance
S'ils te font payer dedans ce qu'ils
te prendront dehors
Crois-moi, fais confiance
Si tu pleures à crier, si ton chagrin
devient sauvage
Toujours, fais confiance
Si tu jures à la face de tous les
faiseurs de nuages
Fais quand même confiance

Ne passe pas tes nuits à regarder
un plafond bas

Si tu veux que je t'aide, il faudra
que tu m'aides... Oui...
Fais... Fais confiance
Fais... Fais confiance

Ne renie jamais ce que tu es
Donne tout comme on te l'a donné
Crois-moi, tout est gagné
Si tu fais confiance
... Si tu fais confiance

Chapitre 14

DIRE OUI!

L'accueil que le public allait réserver à l'album *Pelchat* prenait pour moi une importance capitale, notamment après toutes les épreuves que j'avais traversées. Je croyais beaucoup en la force du produit. mais, à tout considérer, il appartient toujours au public d'avoir le dernier mot.

En quelques semaines seulement, le premier extrait, *Pleurs dans la pluie*, s'est hissé au sommet du palmarès. Ce succès a été à mes yeux la plus grande des preuves d'amour. À la suite de cet accueil, j'ai eu le sentiment que les gens me prenaient dans leurs bras tout en m'encourageant à poursuivre. Rencontré au cours de mes déboires, René Angelil m'avait dit:

— Mario, crois-moi, le public oubliera très vite ce qui se dit et ce qui se dira. Ce que les gens aiment, c'est ta voix, ta personnalité, ton style. Après tout cela, le plus important pour toi sera de trouver des chansons fortes.

En voyant ma chanson prendre cette position privilégiée sur le palmarès, je repensais aux propos de René Angelil. J'ai souri de soulagement en constatant qu'il avait eu raison.

En spectacle, pendant ma nouvelle tournée *Fais confiance* placée sous la gouverne des productions Donald K. Donald, j'ai eu droit à un accueil des plus chaleureux. Et que dire des expériences vécues avec une nouvelle équipe de musiciens sous la direction de Réjean Lachance et de l'apport considérable de Barry Garber, agent de D.K.D., qui a vu à la conception et à la mise en scène du spectacle avec l'appui de Suzanne. La tournée devait nous conduire à nouveau aux quatre coins de la province, de même qu'au Théâtre Saint-Denis et au Spectrum. À chaque soir régnait une atmosphère unique. Je fus très touché en ressentant cette ferveur populaire. J'ai aussi vécu des moments inoubliables sur la scène du Théâtre du Forum lors d'une prestation en première partie d'un spectacle de Céline Dion et sur la scène géante du Stade olympique, cette fois, en première partie d'un spectacle de Madonna.

Un triste événement meuble toutefois les souvenirs que je garde de ma première au Spectrum de Montréal, le 17 novembre 1994. Le lendemain de ce retour sur scène, j'ai appris le décès de Pierre Gibeault. Comme l'homme qu'il avait tant aimé et admiré, Tony, Pierre a été emporté par cette terrible maladie qu'est le sida.

Ce nouveau décès m'a chaviré. Penser que mes ex-agents n'étaient plus de ce monde me semblait inconcevable. Penser que tous deux étaient décédés à des moments importants de ma vie: un déménagement synonyme d'un nouveau départ dans la vie et maintenant au début d'une nouvelle carrière après deux ans dans l'ombre, me bouleversait.

Cependant, je me dis simplement que nos chemins devaient ainsi se croiser. Si le destin en a décidé autrement pour l'avenir, il n'en reste pas moins que, de part et d'autre, nous avons retiré beaucoup de cette collaboration. Sans amertume aucune, je garde un bon souvenir de Pierre et de Tony.

Grâce à la qualité de production et avec l'appui de la consciencieuse équipe de Sony Musique — je pense entre autres à la grande détermination de Jean Lamothe, agent de promotion, et au flair incroyable de Vito Luprano, directeur artistique —, cinq chansons de l'album *Pelchat* ont accédé au palmarès. Cela a permis à l'album d'atteindre des ventes record.

Un an après le lancement du disque, on a souligné mes 30 ans dans le cadre de l'émission *Sonia Benezra*, une fille dont la bonté et la sincérité sont admirables. Au cours de cette émission spéciale, mes parents m'ont à nouveau manifesté leur soutien et leur fierté en direct via satellite de Dolbeau et Ginette Reno, qui demeure l'une des mes chanteuses préférées, est venue m'offrir un gâteau d'anniversaire.

Ce soir-là, l'émotion fut très vive. Quelques semaines plus tard, lors d'un repas surprise organisé par Suzanne Colello, Jean Lamothe, Vito Luprano et Bill Rotary, on m'a remis pour la première fois de ma carrière un disque platine. Cette reconnaissance, qui a pour but de souligner des ventes de disques dépassant le cap des 100 000 copies, a signifié beaucoup pour moi. Il s'agissait à mes yeux d'une autre preuve tangible de l'appui du public. Puis, il y eut un second Félix. À l'occasion de l'édition 1993 du gala, la célèbre statuette me fut décernée dans la catégorie Album de l'année, marquant ainsi un nouveau pas dans ma carrière.

À la suite de ce retour sur la scène artistique, j'ai vite ressenti un nouveau bien-être m'envahir. Autant sur le plan personnel que professionnel.

Au moment où j'écrivais ces lignes, j'étais à nouveau en studio d'enregistrement. Tandis que je me confiais à Benoit Léger, pour qu'il puisse conclure la rédaction de ce livre, je travaillais à l'élaboration d'un nouvel album.

Ce prochain disque sera, selon moi, le plus déterminant de ma carrière. J'ai l'impression qu'il sera le disque de ma vie. D'abord, parce que, depuis la production de l'album *Pelchat*, l'équipe de Sony et moi avons appris à nous connaître davantage, mais aussi parce que je me sens appuyé par une machine dont j'apprécie chacun des rouages. Et puis je m'y donne d'une manière différente des autres fois.

Dans toutes les facettes de ma vie, je me sens plus sûr de moi. Plus que jamais, le langage de cet album me ressemblera. Ressentant de plus en plus le besoin de chanter des choses qui sont près de moi, près de ma réalité, j'ai écrit plusieurs textes qui figureront sur ce nouveau disque. J'ai, par le passé, écrit des chansons, mais la confiance me manquait énormément à ce chapitre. J'avais constamment l'impression que mes écrits n'étaient pas à la hauteur. Puis est venue ma rencontre avec Lynda Lemay, auteure, compositeure et interprète. Je me suis lié d'amitié avec Lynda, et elle m'a beaucoup motivé à ce niveau. Elle m'a encouragé, rassuré et, dans les moments où il m'a semblé que j'avais le plus eu besoin de sa collaboration, elle a refusé de m'aider prétextant que je saurais mieux concevoir une solution qu'elle ne pourrait le faire. En agissant ainsi, Lynda m'a permis de découvrir beaucoup et je lui dois une fière chandelle. Nul doute, je suis très fier de ces nouvelles chansons, qui seront moins sombres que les précédentes, en grande partie parce qu'une lumière nouvelle baigne aujourd'hui ma vie: la lumière vivifiante de l'amour et du partage dans le mariage.

Prémonitoire peut-être — qui saurait le dire? On m'a présenté Claire Lemaître-Auger pour la première fois lors d'un mariage. C'était celui d'un couple d'amis commun, et nous partagions la même table lors de cette célébration.

Toute la soirée, je n'ai pu m'empêcher de regarder Claire. Avec le plus de discrétion possible, parce que son copain du moment l'accompagnait. En discutant avec Éric, un ami, durant le repas, j'ai toutefois appris qu'elle connaissait des difficultés amoureuses semblables aux miennes. J'étais donc libre d'attaches. Quelques jours plus tard, j'ai demandé à mon copain de vérifier auprès de Claire si elle m'avait remarqué? C'est toujours plus rassurant ainsi. Cependant, Claire devait lui dire qu'elle n'avait aucun intérêt pour moi. Qu'elle n'était surtout pas une fan.

Cela la dérangeait même lorsqu'elle m'entendait à la radio. «C'était comme si je la poursuivais», avait-elle dit. Qu'elle ne soit pas une fan ne m'incommodait pas, mais qu'elle ne semblât pas vouloir me connaître davantage fut, bien sûr, une déception pour moi.

Malgré tout, il m'est arrivé encore plus d'une fois de m'imaginer au bras de cette belle grande jeune femme brune au regard intelligent. Des semaines plus tard, nous nous sommes retrouvés à nouveau lors d'une réunion d'amis. Cette fois, j'ai approché Claire et, sachant qu'elle était maintenant seule, je lui ai dit:

— Aimerais-tu que je t'appelle? Nous pourrions partager un peu de ce que nous vivons. Je viens aussi de connaître une rupture...

Claire me répondit tranquillement:

— Oui, ce serait bien. Je vais te donner mon numéro de téléphone.

Alors, comme un jeune adolescent amoureux, je me suis empressé de lui dire:

— Pas besoin, je l'ai déjà!

Je ne mis qu'une seconde pour réaliser mon manque de délicatesse. On m'avait déjà donné le numéro de Claire à ma demande expresse. Je me suis senti si maladroit que je ne sus comment poursuivre la conversation.

Après cette soirée, il m'a fallu près de trois mois avant que je fasse le fameux numéro pour parler à Claire. Pourtant, dès ce premier coup de fil, nous avons parlé des heures. Je l'ai rappelée à quelques reprises par la suite. Chaque fois, je pensais à deux ou trois questions à lui poser pour alimenter la conversation au cas où je n'aurais pas su quoi dire mais c'était inutile. Dès nos premiers échanges de politesse, nous élaborions sur tout et rien sans contrainte. J'en oubliais vite mon petit scénario.

Une fin de semaine, je lui ai proposé de m'accompagner à Québec. J'avais un spectacle le samedi soir à Saint-Georges-de-Beauce. Je passais par Québec le vendredi en fin de journée. Je savais maintenant que Claire avait une sœur qui vivait dans la Vieille Capitale. Je lui ai offert de l'y conduire, avant de poursuivre ma route jusque dans la Beauce. Le dimanche, nous pourrions nous retrouver à Québec. En acceptant l'invitation, Claire a fait de moi un homme très heureux.

En entrant dans Québec le vendredi soir, j'ai proposé à Claire de nous arrêter pour manger au Montego. Le restaurant appartient à Mario Bernardo, le beau-frère de Claire. Il s'agit d'un homme fort sympathique que j'ai connu à l'époque où l'émission *Attention, c'est show* me conduisait régulièrement à

Québec. La bonne table de l'établissement augurait bien pour ce premier tête-à-tête.

Habituellement, lorsque je séjourne à Québec pour un soir ou deux, je dors chez un couple d'amis. Notre amitié remonte à quelques années, au Lac-Saint-Jean. C'est toujours un grand plaisir pour nous de nous retrouver. Ce soir-là, lorsque j'ai appelé Yves et Lynn — qui ne sont jamais surpris de me voir arriver un peu à l'improviste —, pas de réponse.

De retour à notre table, j'ai expliqué à Claire que je devais coucher à l'hôtel. Elle me proposa alors de dormir chez sa sœur et son beau-frère. Une intrusion semblable dans la vie privée de ces personnes me gênait beaucoup, mais, avec l'insistance de Claire, j'ai accepté l'aimable invitation.

Quand les fillettes de Mario et Suzanne m'ont vu dans leur salle à manger le lendemain matin, elles étaient tout excitées. Avec la simplicité merveilleuse dont seul un enfant peut faire preuve, elles demandaient sans cesse à Claire:

— Est-ce que c'est ton prince, Claire? Est-ce que c'est ton prince?

Inutile de dire que je ne savais plus où me cacher. Plus encore lorsque les mignonnes Sarah-Élizabeth et Victoria se sont retournées vers moi attendant visiblement une réponse.

— Dis-nous, toi, est-ce que tu es le prince de Claire? m'ont-elles interrogé.

Je voulais bien être le prince de Claire, mais voulait-elle de moi comme prince? À midi, j'ai pris la direction de Saint-Georges-de-Beauce, où je me suis produit en soirée.

Le dimanche matin, j'ai regagné Québec pour retrouver Claire. Nous avons passé une magnifique journée avec sa sœur et son beau-frère. Nous sommes allés sur l'Île d'Orléans, où nous avons visité plusieurs des maisons, le couple cherchait une nouvelle résidence. L'atmosphère était détendue, parfois même à la confidence, et le soleil était radieux.

Tout en conversant, nous avons parlé des moments difficiles que j'avais vécus avec mes agents précédents et, en me rappelant des souvenirs rattachés à l'Île d'Orléans, j'ai parlé avec émotion de ma sœur Johanne.

Cette journée-là, Claire a pu constater que j'étais, finalement, un gars comme les autres. Elle a oublié le chanteur et elle a vu Mario sous son vrai jour. En soirée, chemin faisant vers Montréal, elle s'est confiée à son tour, comme si elle parlait à un être cher. Ce jour-là, la magie s'est installée. Trois jours plus tard, attablés à un restaurant du centre-ville, Claire m'a dit: «Mario, il y a quelque chose qui me bouleverse dans ma vie... Tu es là.»

Lorsqu'elle a prononcé ces mots, j'ai eu si peur. J'avais tout fait pour entendre cela, et, maintenant, une envie irrésistible de reculer m'étreignait. Comme je l'ai fait si souvent. Puis, je me suis ressaisi et j'ai réfléchi. Je me disais: «Mario, investis-toi, donne comme jamais auparavant. Une fille comme Claire ne passera qu'une fois dans ta vie.» Ce jour-là, j'ai ouvert mon cœur.

Au rythme des moments partagés, des coups de téléphone lorsque j'étais en tournée, des lettres échangées au gré de nos sentiments, en peu de temps, nous avons réalisé tout ce qui nous unissait.

Claire et moi avions des objectifs de vie communs, une philosophie parallèle, des goûts semblables. J'ai découvert chez Claire une personne au respect exemplaire, une femme généreuse et attentive. Savoir accepter sans juger est l'une de ses plus grandes qualités. Les valeurs fondamentales inestimables qu'elle porte en elle et sa spiritualité m'ont conquis. Nous nous sommes apprivoisés.

Bien sûr, comme dans tout couple, ce n'est pas facile de construire une vie à deux. À tout moment, il faut y mettre du sien, investir l'énergie nécessaire pour connaître une vie de couple harmonieuse et, en même temps, il nous faut accepter les compromis qu'exige notre besoin respectif de réussite.

La poursuite de ma carrière demeure une priorité, et Claire compte faire tout en son pouvoir pour se tailler une place de choix dans l'un des domaines qui la passionnent: les arts, la mode ou la psychologie. Claire est aussi une grande artiste, designer à ses heures, elle conçoit la plupart de ses vêtements. Ainsi, confronté à moi-même dans cette union sérieuse, j'ai beaucoup appris et, à travers ces aléas de la vie, nous ressentons toujours un bien-être grandissant à vivre au même diapason.

Au printemps de 1994, Claire et moi avons pris la décision de nous marier. Nous avions plusieurs preuves des liens uniques qui nous unissaient et nous avons décidé de faire confiance à ces sentiments que nous éprouvions. Cette alliance se retrouvait dans nos propos, dans nos yeux; elle faisait vibrer tout notre être. Je dois tout de même avouer que si l'on m'avait dit, un an plus tôt: «L'an prochain, tu seras marié», je ne l'aurais jamais cru. Claire et moi y croyions tous les deux. Nous avons voulu officialiser cette union sans tarder.

Étant tous deux nés au sein de grandes familles, nous avons voulu un mariage d'envergure. Durant plusieurs semaines, nous nous sommes questionnés à savoir où nous allions faire bénir notre union. Lorsque je suis monté avec mon agent, Suzanne, sur le *Louis-Jolliet*, amarré dans le Vieux-Port de Montréal à l'occasion d'une promotion de la station de radio CKMF, elle eut cet éclair de génie. Dès qu'elle se fut retournée vers moi, sur la passerelle du bateau, en me disant: «Mario!» j'ai tout de suite compris.

L'idée m'a plu, et, une heure plus tard, nous débattions, avec le responsable du bateau, de la possibilité de célébrer mon mariage sur son navire alors qu'il naviguerait dans les eaux du fleuve, à la hauteur de Québec. Après en avoir discuté avec Claire, qui fut également ravie de l'idée, nous nous sommes arrêtés sur la date du 7 août pour unir notre destinée. Lorsque tout fut confirmé, des êtres précieux — envers qui Claire et moi sommes des plus reconnaissants — nous ont appuyés dans l'élaboration de la réception, qui allait réunir 360 personnes autour d'un thème éternel, le cœur.

Pour moi, le mariage est un don de soi, bâti sur beaucoup d'écoute et un très grand respect. Dans cette union, la personne la plus importante pour moi c'est Claire. J'ai la conviction de ne pas être laissé pour compte en pensant ainsi parce que, aux yeux de Claire, je suis la personne la plus importante dans sa vie.

Au-delà de l'amour, le mariage est aussi selon moi une grande amitié, une amitié que nous développerons toujours au fil du temps. Si deux personnes s'aiment ainsi, elles seront comblées. Claire et moi avons à cœur de voir grandir notre union dans ce jardin.

Ma décision de me marier fut donc mûrement réfléchie et pesée. Une fois qu'elle fut prise, je ne suis jamais revenu là-dessus. Quelques minutes avant d'embarquer sur le bateau, je me suis senti envahi par une peur indescriptible en pensant à l'avenir.

Dans la limousine qui nous conduisait papa, maman et moi au quai du *Louis-Jolliet*, nous avons beaucoup parlé avec ces émotions qui unissent parents-fils. Puis, à un moment donné, j'ai éclaté en sanglots en pensant à ce geste que j'allais faire et à toute la responsabilité qui m'incomberait désormais. Maman me dit alors:

— Tu sais, Mario, si ton père et moi avions su tout ce que notre union nous réservait, peut-être aurions-nous choisi de ne pas nous embarquer là-dedans. Si j'avais su que j'allais perdre une fille de seize ans amputée d'une jambe; que l'année suivante tu allais partir pour Montréal et que j'allais ainsi être éloignée de mes deux aînés; que j'allais être si inquiète pour toi lorsque ta carrière allait décoller avec Pierre et Tony; et ainsi de suite avec chacun des enfants... Si on savait d'avance tout ce qu'un couple doit traverser au cours de sa vie, ce serait trop difficile de dire oui. On s'épouse parce qu'on s'aime... pour le meilleur et pour le pire.

Puis, papa a mis sa main sur sa poitrine et a ajouté:

— Mario, si tu savais combien j'ai le cœur serré.

Sans parler davantage, son regard baignant dans les larmes m'a redonné du courage, et les paroles de maman m'ont été d'une grande inspiration. Avec émotion, nous avons également pensé à Johanne, qui aurait été si fière de son frère en ce grand jour.

Quelques minutes plus tard, à ma descente de la voiture, un vent de folie s'est littéralement jeté sur moi. Du haut de la passerelle, j'ai salué la foule réunie dans le Vieux-Port de Québec. Penser que des centaines de personnes pouvaient ainsi se déplacer pour partager un moment de ce grand jour avec moi m'a grandement touché. Sur le pont, j'ai retrouvé tous les êtres qui me sont chers. Tout est allé si vite... Toutefois, je n'oublierai jamais ce moment où Claire m'est apparue dans une magnifique robe blanche ornée de perles qu'elle avait confectionnée avec soin et amour. En l'apercevant, j'ai pleuré à gros sanglots. Quel privilège que d'unir ma vie à une femme comme Claire! me suis-je dit.

Lors de la cérémonie célébrée par le ministre Cyril Richard, j'ai pesé chaque mot lorsque j'ai dit oui.

— Oui, je te promets fidélité dans l'abondance comme dans la disette jusqu'à ce que la mort nous sépare.

On entend souvent cette phrase, mais quand elle est sur nos lèvres, devant l'officiant, elle ne veut plus rien dire de tout ce que tu avais pu t'imaginer auparavant.

Enfin, la présence de Ginette Reno, qui dans une interprétation à fleur de peau a conclu la cérémonie avec sa chanson *L'Essentiel*, a contribué à faire de cet échange de vœux, des minutes inoubliables. Ce jour de notre mariage fut pour Claire et moi le plus beau de notre vie. Nous n'avons fait qu'un, tous les invités étaient radieux, le fleuve était comme une mer calme, la soleil a brillé, et un vent doux a soufflé sur le pont en soirée.

Le premier matin où j'ai ouvert les yeux sur ma nouvelle vie d'homme marié, Claire et moi avons partagé le petit déjeuner encore plus amoureux que la veille. Et que dire de papa et maman qui, en ce début de journée, m'ont fait tant plaisir lorsque, en nous réitérant leurs vœux de bonheur par téléphone, ils m'ont confié:

— Maintenant, ça nous en fera deux à s'ennuyer...

En après-midi, nous nous sommes rendus à l'Île d'Orléans dans la nouvelle demeure de ceux que je comptais maintenant parmi ma nouvelle belle-famille, Suzanne et Mario. Ils venaient d'emménager dans la maison dont ils rêvaient, ce jour où l'amour avait fait son nid entre Claire et moi. Nous nous sentions si bien. Pendant que nous soupions, des membres de la famille de Claire se sont occupés de notre voiture.

En début de soirée, nous avons quitté l'île pour la plus charmante des auberges de la magnifique région de Charlevoix, la tête pleine de confettis. Une banderole affichant la traditionnelle inscription: «*Just married*» entourait l'auto, et, malgré le son des canettes clinquantes attachées au pare-choc, nous avions l'impression de rouler sur un nuage.

Épilogue

Quand je vais chez mon grand-père Pelchat — pour qui j'aurai toujours une admiration sans bornes, et que j'ai affectueusement surnommé le Semeur — la route qui m'y conduit passe devant la maison que nous habitions lorsque j'étais enfant. C'est là que j'ai planté mon arbre pour en faire mon ami. J'avais sept ans... Que de chemin parcouru depuis!

Je n'ai même pas à m'étirer pour l'apercevoir, tellement il a grandi. C'est devenu un peuplier, tandis que moi, je suis devenu un homme. Comme lui, j'ai grandi. Comme lui, je me suis laissé bercer par le soleil et, comme lui, j'ai affronté les orages. Je ne suis plus le même. Il m'est difficile de décrire ce que je ressens, difficile de traduire dans des mots ce changement. J'ai vraiment l'impression que tout m'est permis. Je suis sans crainte et, avec l'amour dans ma vie, je suis en mesure de croire pleinement en mon épanouissement.

À mes débuts dans le métier, il n'y avait que cette passion qui m'animait: le rêve de chanter. Aujourd'hui, le rêve n'a plus la même signification, mais la passion demeure. Elle s'est simplement transformée avec assurance et maturité. Ce qui ne signifie nullement que je n'ai plus de rêves. J'ai toujours des rêves.

Je rêve d'une maison à la campagne pour y élever une belle famille, d'une carrière en Europe, d'un duo avec Michel Sardou, de devenir un jour producteur de disques... Mais je sais maintenant qu'il n'existe pas de recettes secrètes ou de baguette magique pour y accéder. Je sais que tout s'obtient par le sacrifice, par l'acharnement, par le travail et l'effort continus.

Dans ma vie privée comme dans mon métier, j'aime croire qu'un rêve est réalisable. Croire et conserver mes ambitions contribuent à l'amour que je porte à la vie. Dès mes premières réflexions sur notre présence en ce monde, je me suis donné cet objectif de réussite, cette soif de tout faire — avec un T majuscule — de ma vie.

Quant au chemin parcouru, j'en retire une grande satisfaction. Ce vécu a fait de moi l'homme que je suis, et je ne le renierai certainement pas. Comme je n'ai pas tout reçu de la vie, certains jours ont été plus difficiles que d'autres, mais je me fais un devoir de vivre au jour le jour. J'adhère a l'adage qui dit: «À chaque jour suffit sa peine.» Et lorsque je récolte, je demeure conscient que tout est si fragile.

Je suis croyant et, comme on a besoin de Dieu dans l'angoisse, j'ai aussi besoin de Dieu dans les plus beaux moments. Si j'ai souvent été celui qui voulait parler en mettant tous les mots au même moment sur mes lèvres, maintenant, je pèse davantage le sens des mots. Je retire une grande satisfaction de la recherche d'une sagesse nouvelle.

Aujourd'hui, je ne respire plus de la même façon. Chaque respiration alimente l'assurance, la confiance, la passion et... L'AMOUR. Ma soif de vivre demeure aussi grande que mon amour de la vie. Ce qui comble cette vie, c'est l'amour. Ce que nous partageons, Claire et moi, c'est la vie.

Oh... Oh... C'est la vie...

Table des matières

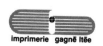
imprimerie gagné ltée

IMPRIMÉ AU CANADA